身心同治

一位盲人医师的感悟心语

谢玉秋◎口述 谢金梁◎整理

中国盲文出版社

图书在版编目（CIP）数据

身心同治：一位盲人医师的感悟心语：大字版 / 谢玉秋口述；谢金梁整理. —北京：中国盲文出版社，2018.8

ISBN 978-7-5002-8214-3

Ⅰ. ①身…　Ⅱ. ①谢…　②谢…　Ⅲ. ①谢玉秋—自传　Ⅳ. ①K826.2

中国版本图书馆 CIP 数据核字（2017）第 297310 号

身心同治：一位盲人医师的感悟心语

作　　者：谢玉秋　口述　　谢金梁　整理
出版发行：中国盲文出版社
社　　址：北京市西城区太平街甲 6 号
邮政编码：100050
印　　刷：北京新华印刷有限公司
经　　销：新华书店
开　　本：787×1092　1/16
字　　数：121 千字
印　　张：14.25
版　　次：2018 年 8 月第 1 版　2018 年 8 月第 1 次印刷
书　　号：ISBN 978-7-5002-8214-3/K·593
定　　价：42.00 元
销售服务热线：（010）83190289　83190292　83190297

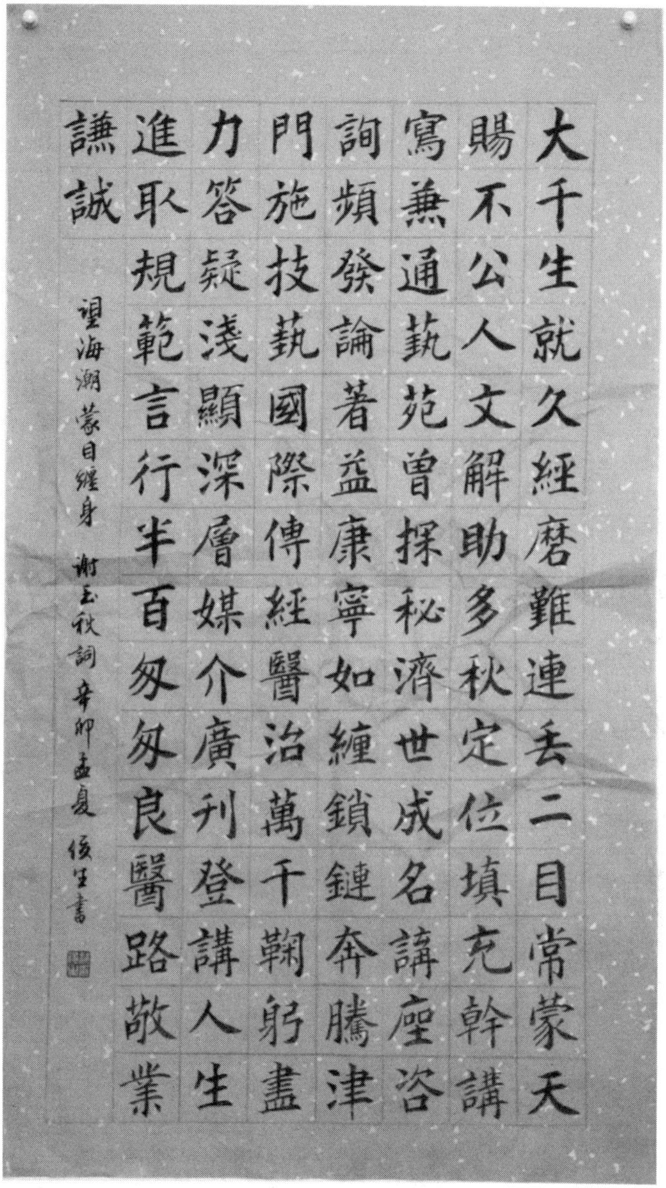

天津市书法家协会会员，天津市东丽区书法家协会副主席、名誉主席、顾问郝俊生先生的题词

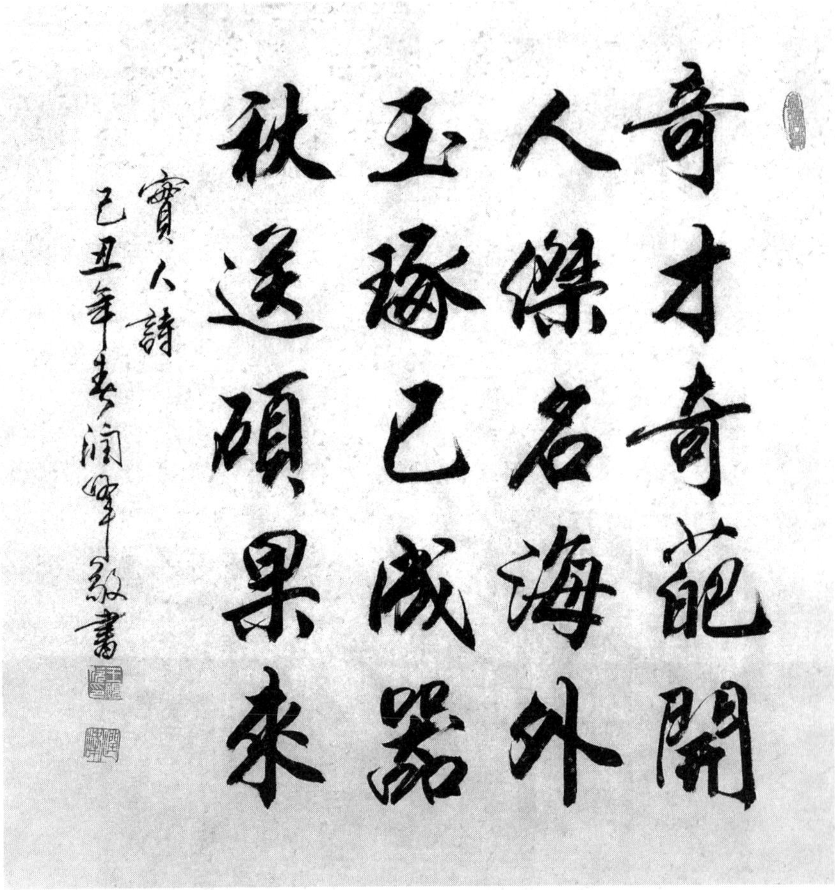

中国艺术研究院院士、中国书法家协会

润峰先生和实人先生的题词

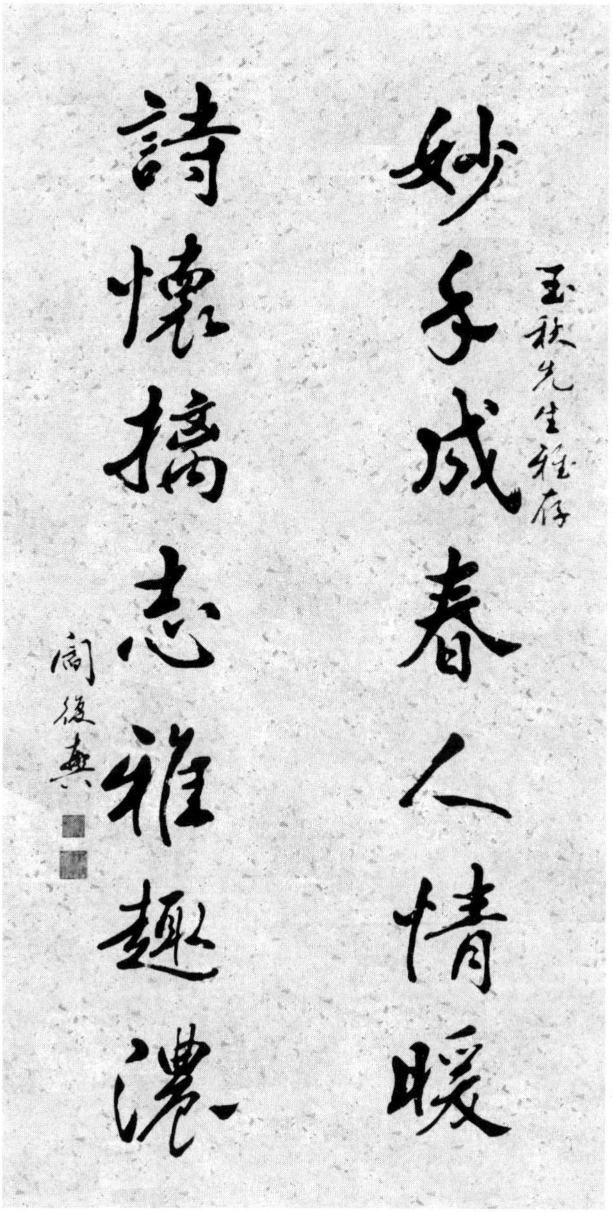

原中国楹联协会常务理事阎复兴先生的题词

推荐序

水荻

遇到他就像遇到四季。

在他身上，我看到春的绽放，夏的执着，秋的睿智，冬的丰厚。

在我接触的人中，还没有谁能像他一样，把自己活成四季；也没有谁能像他一样，坐拥四季，掬一捧内心的情怀，笑看云卷云舒。

他叫谢玉秋。我和许多人一样称呼他谢大夫。

其实，我和谢大夫相识的年头并不长。记得那是2012年年初，春还未到，寒冷依旧，经人介绍，我走进谢大夫那个在天津一传十，十传百的“开心诊所”。小诊所干净整洁，暖意融融，阳光透过明亮的玻璃窗照射进来，显得明媚。和医院或其他诊所不同的是，虽然这里坐等的患者很多，但没有一个人为长时间排队候诊着急，相反，大家有说有笑，插科打诨，不像是来治病的，反倒像是串亲戚会朋友闲聊天的。当然更多的是大家听谢大夫讲故事，说常识，论天文地理，谈轶事趣闻。在这样的氛围里，我平时紧绷的神经立刻松弛了下来，人也变得不那么矜持呆板，再后来，也跟着十分放肆地开怀大笑。不承想，这一笑竟让我大吃一惊，多么陌生的大笑啊，我已经记不起上一次大笑是什么时候了。大笑，是小时候的事情吧，很遥远。记得当时我笑得有点感动，有点想哭。

进门笑，我想，这就是谢大夫的高明之处，在患者浑然不觉中，医治已悄然开始了，谢大夫巧妙地为患者开启了康复的第一步。

谢玉秋，是个用心的好医生。

其实很多时候，我是舒服地倚在一个温暖的中药包上大笑的。谢大夫用几味中药精心缝制了一个小药包，那是谢大夫独家设计的推拿前的一道治疗程序，药包贴在患者背部，配上加热理疗仪，温敷后，好像五脏六腑都被温润融化了。

谢大夫边推拿边与患者聊天，几次治疗后，我发现自己并不完全是为了推拿远道而去，更多的是为了交谈，为了欢笑，为了那个认真倾听你诉说的神态，为了那个温暖的解劝，为了听谢大夫身边那位年轻高大俊朗的小谢大夫幽上一默。

其实，诊所里真正的推拿主力是小谢大夫。小谢大夫名叫谢金梁，是谢玉秋夫妇的独子。小时候，他是父母的眼睛和拐杖，也是父母的掌上明珠。父母的视障让他过早地懂事了。本来金梁大学毕业，有自己的专业，有更加远大的前程，可从小就对父亲无比敬佩的他，还是选择了子承父业。金梁笑容可掬，妙语连珠，儒雅的风度特别具有亲和力，特别是他的满面春风，令患者从他那里得到康复的自信。平时，他是父亲的得力助手，谢大夫工作中的很多事都是在他的帮助下完成的。比如您手里的这本书，就是由金梁修改、整理，很多细微之处也是在他的建议下完善的。金梁得父亲真传，身上有父亲的影子，但他并不拘泥，除了传承，他还融合了现代青年人的眼光、见解、思想、特长，形成了自己独特的风格。后生可畏，青出于蓝胜于蓝。

后继有人，应是谢大夫颇感欣慰的事情。

在与谢大夫的接触中，不得不承认谢大夫对人心理变化的体察入微，疾之所在他一探便知，可贵的是他并不“戳穿”，而是小心翼翼地加以保护和对症施治。他能一下子找到别人身上的病根，伴随着身体的医治，心理疗法也同时进行。谢大夫对人的心理疏导可谓炉火纯青，阶段性的进展，火候分寸的把握，角度的运用，点拨的深浅，策划方案的合理使用，倾听的真诚与耐心，解释的合理与深情，无一不在他运筹帷幄中。几次攀谈后发现，我这个从不轻易对人敞开心扉的人，竟鬼使神差地把内心的忧虑、积郁如洪水般倾泻而出。于是，在谢大夫面前，我心中最大的疙瘩解开了，很多琐碎放下了。

有一天，我忽然发现了谢大夫的这个“开心诊所”疗效快速神奇的原因所在，那就是：进门笑，温敷药，耐心聊。这些看似无心，实属有意的安排，是其他推拿诊所没有的。病，去了；朋友的感觉，来了。谢大夫到底是怎样的一个人？一个明眼人很难做到的事情他为什么能做得如鱼得水？这引起了我的好奇，让我有了进一步走近他、了解他的想法。我和谢大夫成为无话不谈的好朋友，甚至视他为人生知己。

而在谢大夫身上，我也发现了四季的丰富斑斓。

春。

“我喜爱玉石，收藏玉石已多年，不仅提高雅趣，增长知识，还促进了身心健康。即使工作再累、再忙，每周也要出去两次，各大商场，各种展销会，我都去参加，摊贩都对我很熟悉，总是热情地打招呼，推荐各种各样的玉石品种。”“至今我已收藏 80 多种玉石，共计 400 多件，还编成约 1200 字的贯口……玉石有灵气，天然景观更诱人，如石面景观、骆驼羊、父子燕……闲暇时，赏玩手链、佩玉摆件，如翡龙翠凤、玉石龟……雕刻师精琢百态，栩栩如生、巧制万物、寓意怡人，玉石健身、得法增寿益身心。”

你能想到谢大夫闲暇时间有此爱好吗？不可想象？我也是这样认为的。可他居然成为玉石玩家。

“有一次我由助理陪同来到了天安门城楼上，见到了62根金丝楠木的圆柱……我由助理陪同游赏津河当晚皓月当空……2005年的元旦天气寒冷，到哪里去休闲呢？我由助理陪同来到了热带植物园。”

“多年来，我由助理陪同，无数次出入天津水上、北宁、长虹、人民等各大公园，无数次沿海河、津河两岸散步，走遍了各种广场、体育场、步行街、风情区，以及无数条大街小巷，曾在湖旁观景，也在河畔乘凉；曾在风雨中散步，也在飞雪中游玩。”

很多游览胜地都有谢大夫的足迹，闲情雅韵，跃上心头。

“秋红爽翠两传奇，相继登门知礼仪。一

弃--得成妙语，多容多记解难题。和风送暖闲情逸，瑞雪驱寒净路怡。箕帚承欢成一曲，召之千里不迟疑。”

这是谢大夫为他的义女陪他出去散步、晒太阳，到公园踏雪、玩雪所赋的诗，而这位义女也正是曾经的患者。

谢大夫写的诗有很多，他还出版过一部诗集。

有春在人生的枝头绚丽绽放，夫复何求？

夏。

“有些患者疑心重，心事重，情感上的猜疑或者误解很容易导致其产生生理疾患。”“‘三平衡、四交换、五吸引’是广泛运用心理学的要点之一。”“在心理咨询与人生策划的过程当中，我积累了一系列既有个人特色而又行之有效的谈话方法与咨询策划技巧。顺、戗、问、答、渗、刚、绕、察这八个谈话法都是常用的，还有翘心法、探视法等许多不常用的方法。这些有效的方法在咨询策划工作中起到的作用是巨大的。”“婚姻情感中的‘八要’、‘六真’、‘两大克星’就是我总结的经验之谈，在实践中应用广泛，很受欢迎。”

夏是执着而热情的，谢大夫以其巨大的责任意识深入病理探究，那份一切为了患者的赤诚之心如夏日的艳阳，再硬的坚冰也没有不被融化的。

秋。

谢大夫是富有人生智慧的，秋，也是他的名字，与他博大的智慧相符。

> “借火生辉、顺水行舟就是残健结合、借力发力，为残疾人融入社会创造更大的可能性。自律、有序、坚持、严格是做人、做事的基本要求。”“我借助无数双明亮的眼睛和无数张流利的口齿读了无数的书。”“助理会协助划卡、阅片，办理各种手续，并协助签字售书和接待来访。”“我请助理帮助学习、协助工作，不仅有益于门诊治疗和出诊，闲暇时还可陪同去户外散步，到各大剧院听交响乐和演唱会。”

冬。

于是，他迎来冬的丰厚：治愈的人不计其数，患者不仅有天津的，还有外省市的，不仅有国内的，还有国外的……出版了五部个人专著……走出国门讲学施治，走上国际讲坛……

谢大夫以他的聪明智慧、刻苦钻研、勤奋好学、才华和情怀，承载了四季带给他的绚丽花朵、轻风雨雪、阳光雨露和人间大爱。

我祝福他和他的事业，也祝福金梁。

在此，感谢谢玉秋大夫对我的信任。读他的书，我学到很多东西，此篇感悟，权为序。

（水荻，女，原名赵文秀，中国作协会员，国家二级作家，天津作协第四届委员会委员，天津作协文学院第五届合同制作家。现为天津市北辰区文联主席，《北斗星》杂志主编。）

自　序

《身心同治：一位盲人医师的感悟心语》一书，是一部内容新颖、含义深刻、敬业乐业、实现追求的纪实书籍。全书共计8个篇章，各自有独立性，相互有连贯性，详细记述了谢玉秋大夫传授医技、志做良医、笑对人生的真实经历。

“广亲和勇攀登”介绍了怎样亲和、谦和、平和，怎样融入健全人、融入社会，从而实现追求。具体讲述了勤中自有黄金屋、广泛交往、感恩珍惜，以及争取能者相助、自律有序、持之以恒的积极人生态度。

“疗效增进友情”详细记述了由于疗效好进而结下的医患情谊，许多人称他的诊所是开心诊所。身心同治为其诊疗特点。他巧用良方，高效祛病，深受中外患者信赖。

“良医献策巧排忧”详细记述了谢玉秋大夫为千家排忧、为万人解惑的诸多事迹，介绍了心理问题疏导与人生策划，恋爱婚姻与“两大克星”，家庭矛盾答疑解惑，以及青年人在情感事业中如何选择等。

“电台讲座答疑”详细记述了谢玉秋大夫20余年

来200多次走进直播间的难忘经历。包括在“夜讲悄悄话”中做情感咨询顾问，讲解如何识人、用人等。

“登上中外讲坛”详细记述了谢玉秋大夫走向国际讲坛、向海外传医术的精彩片段，还介绍了他走进大学校园进行心理咨询，各处受邀讲养生保健的事迹。

“著书立说勤育人”详细记述了谢玉秋大夫撰写论文、著医书、中外授课的来龙去脉。

“雅趣增寿益身心”详细记述了谢玉秋大夫从少年习文学艺到后来的博弈修身、收藏玉石，用诗词写日记、亲近大自然等兴趣爱好。

“六旬疗养偿心愿”详细记述了谢玉秋大夫在疗养期间写剧本、录故事集、开咨询网店等事。

《身心同治：一位盲人医师的感悟心语》不仅是人生励志书，还是维护身心的保健书。此书可为您当顾问、做挚友，为您的身心健康保驾护航。阅读此书不仅可以从中获得智慧和力量，找到解决各种难题的有效方法，还能化解心中困惑。

2015年4月

Contents 目录

电台讲座答疑

登上中外讲坛

著书立说勤育人

雅趣增寿益身心

广东和勇攀登

观念决定行为，行为决定命运，性格决定人生。身心健康是残健结合、融入社会的基本保障；实现温饱、保证健康、追求精神享受乃是人生的基本需求。我（下文均指谢玉秋大夫）自幼受一位启蒙老师影响，立志再苦再累也要走出一条有知识、有专业、有作为的人生之路。

我年轻时想成为一名良医，于是四处求学，勤学苦练，勇于创新，本着对医术精益求精的态度不断攀登。常人走此路尚且艰难，更何况半路失明的我，我面对着常人难以想象的各种障碍，始终自律、自强、持之以恒地做人做事，明白了许多道理，经历了许多故事，终于走出了一条做良医、广亲和、勇攀登的人生之路。

勤中自有黄金屋

我自幼酷爱学习，承先人古训，不重金钱，重情义。我曾放弃单位福利分房，独自前往北京参加国家级医师进修，每天 8 节课，晚间到北京按摩医院开夜诊，经常与来自 22 个省市的按摩专家进行交流。有一天的交流题目是每人讲一个印象深刻的失误案例：甲介绍强力扳颈，当时险些酿成大患；乙介绍肘按腰部，应患者要求不断加力导致其横突骨折；丙介绍用肘挤压腰部，将患者脂肪瘤挤破并加剧其疼痛；丁介绍由于用力过大、过猛导致患处进一步损伤等。通过这次临床失误经验教训的交流，我间接获得了诸多课堂上无法了解的实践经验。

作为一名盲人医生，打破世俗偏见是一个漫长而艰难的过程，在各种逆境中上下求索，我深知做良医难、做视障良医更难。困难主要来自进取奋斗过程中各种有形无形的辛酸苦辣。例如，运用所学医术为患者解除病痛、取得疗效；总结经验著书立说、参加媒体讲座、海外讲学。

1999年的夏天，一位心理医生带着一位女青年前来咨询。心理医生提出旁听学习，经女青年同意后，我满足了其要求。我为女青年答疑解惑，女青年心悦诚服，积极配合，最终解决了实际问题。旁听的医生惊讶地问道："谢大夫所讲和我也差不多，你为什么不与他对抗呢？"女青年说："谢大夫站在我的角度为我想问题，为我解决问题，我感激还来不及，哪里还会对抗呢？相反，您总是教训我，指责我，这样我心里就更烦，更没有主张了，这怎么能说是差不多呢？"

我平时喜爱收藏玉石，有些人觉得不可思议，不敢相信。大多数人认为，明眼人尚且很难做到，一个盲人怎么可能做到呢？我的诊治费偏低，其实是想用最优的治疗、最低的收费，为患者解除病痛。我不打广告，不租用豪华公寓，将钱省下来让给患者，道理如此简单，可总有人会不理解。究竟是为什么呢？这和认知的欠缺有关。一首《减字木兰花·云崖路》是这样总结的：

群书览阅，汲取精华临跨越。
记问勤学，字字扬声传圣曰。
艰辛创业，挺进云崖情更切。
勿滥宁缺，正统祛疴从未斜。

广泛交往

俗话说：多个朋友多条路，一个冤家一堵墙。意思是要多交朋友，少树敌。我曾经读过一首七律诗，诗文如下：

走遍天涯游遍州，人心怎比水长流。
初次相交甜如蜜，日久情疏喜变忧。
庭前背后言长短，恩来无义反结仇。
只见桃园三结义，哪个相交到白头？

这首伤感的诗文让我的心情倍感沉重，思绪万千。我热爱交友，也有同感。庄子说：“君子之交淡如水，小人之交甘若醴。”庄子深入浅出地道出这个道理：声称共命的朋友，吃喝不分，但心里都有本账，今天我请了你，明天就该你请我了。其实真正的朋友需要相互支撑，相互理解，以真诚为本，危难显真情。再好的朋友也要熟不减礼，万不可熟不讲礼。这样做深情才能化为厚意，友谊才会像河水一样源远流长。一首七律《交友观》是这样总结的：

君交淡水讲无求，利益相争喜变忧。
外唱亲和虚过命，内怀审视更伤愁。
相撑坦荡真诚处，互助包容危难周。
久敬言和心善待，深情化谊水长流。

何为“好”

人生百味，各有不同。《红楼梦》中的《好了歌》引起过不少人的共鸣。甘蔗没有两头甜，美事不让两面全。有的人说起话来不着边际，对他人品头论足，甚至鸡蛋里挑骨头，但自己一事无成，没有任何进取的行为；有的人满腹经纶，却不能把握人生机遇。在社会飞速发展的今天，张三看不惯，李四合不来，总想做一番辉煌的事业，但眼高手低，满腹怨言，成天烦恼。人生的选择多种多样，命运的安排各有不同，怎样才是“好”呢？这要根据自己的能力，根据自己所处的环境，根据自己可利用的条件，审时度势。其实，平平淡淡才是福，轰轰烈烈未必好，过得开心，活得快乐，这比任何成功都重要。我经常调整心绪，每日三省，谦和交谈，亲和待人，平和心态，给自己以及周围人带来快乐，传递积极信息，这样做对自己、对他人的身心健康都有好处。因此，能做就做，摆正自己的位置最重要。一首《渔家傲·摆位》是这样总结的：

万绪人生如好了，娇妻富贵难同找。也想寻求行动少，嘴巴巧，黄昏立志晨推倒。

满腹经纶如乞讨，眼高手低来烦恼。生活摆位需研讨，何为好？平安快乐勤清脑。

感恩珍惜

一个人一定要学会知恩、报恩，感激帮助过自己的人。

1984年，我结识一位好友，她是某银行教育处处长，此人阅历深厚，知识渊博，经常为我读书、查阅资料，帮助收集国内外医学的新动态、新进展。她认为，一名医生如果只是常规看病，到老也只是医疗匠；只有进行专业医学研究，著书立说，才能更好地继承祖国医学，并使之发扬光大。她为我做了10年的兼职秘书，成为我的良师益友，最终助我实现了6段工作经历，创立了“九要三法”以及“十要十度”疗法。在从医的数十年里，我为数以万计的患者解除病痛，先后成为医疗按摩专家、注册执业医师、心理医生，加入了中国中医药学会和中国中医推拿学会，出版5部著作，发表论文50余篇，实现了走出天津，迈出国门，向海外传播医疗经验的人生夙愿。这其中，良师益友的陪伴、激励、启发、教诲，可谓功不可没。为了铭记诸多良师益友，一首《西江月·高人指点》是这样写的：

益友相知恨晚，各抒己见十年。层层启示做科研，发展传承规范。

汇总升华经验，无私奉献人间。八方受益我欣然，不负高人期盼。

何为永生

我三十年如一日著医书，以诗词形式写日记；四十年如一日为患者解除病痛，不断汲取新的知识，总结新的经验，提高诊治水平；五十年如一日热爱学习。这样做的动力从何而来？

我年少时曾结识一位侯先生，得其真传，受他影响颇深。侯先生认为：留下著作，留下思想，留下为人类奉献的精神，千古相传，这才是真正的延续生命。伏羲创造八卦据说已有7000多年，孔子留下儒学至今已有2500余年，李时珍写《本草纲目》至今也已400多年，他们才是真正的永生。侯先生的教学不仅传授实干、精干、巧干的方法，还要求学生明确所做之理，讲解实践经验，并写成文字，由他审阅。侯先生这种做、讲、写相结合的教学方法让我从开始的不理解、有抵触，变成后来的完全接纳并积极配合。如今，我已成这种教学方法的倡导者，沿用同样的教学模式教导自己的学生。周恩来总理、朱德委员长曾接见过他，侯先生不仅学术卓越，为人更是谦和、仁慈。有一次，一位女学生的父亲去世，母女一时陷入困境，他将大半工资每月送到她家中。这位母亲感激之余，提出将女儿许配与他为妻，被侯先生断然拒绝。我跟随侯先生学习12年，受益终生，为怀念他，一首七律《恩师》是这样写的：

八方学友祭恩师，一世善缘高素质。
禀性追求功绩贵，伟人接见憨情摛。
薪金赠赏贫姝用，秦晋脱出拂袖驰。
教我十年做讲写，而今成就念蒙师。

疗效增进友情

从在公立医院行医到开办个人诊所，我已接治患者数以万计，深受患者信赖。1999年的除夕，天津市市委书记、常务副市长、南开区区委书记、南开区区长等党政领导人带着鲜花登门看望。我以治疗颈肩病、腰腿病而闻名，并在治疗前将诊治方案提前向患者告知，让广大患者在快乐中安心解除病痛。我60岁生日时回首往事，以“真诚奉献，发展推拿”八个字，藏头吟诵抒怀：

真情济世讲常修，诚信悬壶解患愁。
奉使民间驱百病，献出绝技惠千秋。
发行专著培桃李，展示华文耀五洲。
推动中医国际化，拿出建树广交流。

开心诊所

开心诊所是许多患者对我诊所的习惯美称，走进诊所，映入眼帘的“温馨小屋”四个大字由原天津市人大副主任石坚题写，“弘扬时珍精神，继承杏林美德”十二个大字是原天津市副市长陆焕生亲笔所书。我的诊所环境优雅，医患和睦相处，始终洋溢着友好、和谐的氛围。痛苦而来、欢乐而去是广大患者的共同感受，许多人表示开心诊所像磁石一样吸引着他们。

大家愿意到我的诊所接受治疗，因为这里看病疗效高、费用低，让看病成为一种快乐、一种享受。我不仅治疗身病，还能治疗心病，并得到大家的尊重。到这里来的患者络绎不绝，医生对每一位病人都能做到认真负责，医患之间有倾诉的，有倾听的；有提问的，有解答的；有言之幽默的，有闻之欢乐的。许多已解除病痛的患者送来一面面锦旗，上写着“医德高尚，博爱人间”，“一代神医，百姓福光”，“杏林妙手解顽疾，心疗解惑暖人心”等。其中，“妙手成春人情暖，诗怀摛志雅趣浓”由著名楹联学家阎复兴亲笔书写；“医术精益求精，工作极端负责”由著名书法家郭欣亲笔所书；“奇才奇葩开，人杰名海外，玉琢已成器，秋送硕果来”是一首藏头诗，由诗人实人同书法家润峰合作而写。在我的诊所发生过很多有趣故事，现讲两段与广大读者分享。

必有所求

一位50多岁的中年女性每天到我的诊所为医患服务，早晨上班，中午离去，接连一个月，我问她：“可有需要帮助的地方？”她却表示没有，说：“自己太闲，为谢大夫做点力所能及的事是我的快乐。”经反复追问，她才吐露实情：儿子结婚后，儿媳不同意要孩子，她却非常渴望，家庭成员之间商量了几次也未能达成一致。后来，听说儿媳最听我的话，于是自己主动到诊所做义工，给大家带来了温馨与快乐。我了解她的心思后，与她的儿媳进行了坦诚的交谈，儿媳知道了事情原委，先是大笑，然后说道："他们家重男轻女，如果我给他家生了男孩就皆大欢喜，生了女孩，恐怕还要受气，我心中有顾虑，只好暂时不要孩子。谢大夫您要管这件事也行，但要保证我生男孩，如果保证不了我也很为难。"我稍加沉思后说道："生男生女不取决于女人，而取决于男人。在正常情况下，人体每个细胞内有 23 对染色体，包括 22 对常染色体和 1 对性染色体。性染色体决定性别。妻子的为 XX，丈夫的为 XY，X 与 X 结合生女孩，X 与 Y 结合则生男孩。"儿媳明白了生男生女的医学道理，渐渐消除了疑虑，后来果真称心如意地生了一个男孩。孩子刚刚降生，丈夫就带着喜糖来到我的诊所，请我给孩子起个名字。根据小夫妻俩的愿望，我给孩子起了一个寓意美好的名字，叫"晓溪"。这件事给一个家庭和我的诊所都带来极大的幸福与快乐。

巧用良方

一位南方女孩来到辽宁大学攻读硕士学位，不慎患上了面瘫，由于治疗不当，没有得到及时恢复。一个星期天，她到新华书店买书，发现《按摩保健奇术纪实》，从书中得知有一位谢大夫治疗面瘫很有疗效，于是由父母陪同来到天津，找到我的诊所请求医治。女孩的父亲也是医生，母亲是市级领导。由于她学习紧张，时间有限，不能长时间接受治疗，我因此犯了难。年轻女孩得了面瘫，带给她的不仅是生理上的痛苦，更有心理上的压力。我决定帮助她在短时间内驱走病魔，于是试探性地出了一道测试题："你想办法创造一个尽可能多待在我身边的条件，面瘫便不难康复。"正在大家发愣的时候，女孩微微一笑，说道："我愿拜谢大夫为师。"我开心大笑。围观者也都恍然大悟。我为她巧定了治疗方案，每天进行两次治疗，晚上边治疗，边讲解，边教学。女孩果然聪慧，一讲就懂，一教就会，一做就对，治疗两个疗程后疾病祛除了大半。凭借学到的医疗知识，剩下的治疗由女孩每天早晚自我施治。这样一来，女孩很快恢复了健康。

我为了记述巧用良方驱病魔的案例，特写一首《清平乐》：

辽宁读硕，面瘵心急迫。千里求医强作乐，审慎出题探测。

妙龄聪慧拜师，围观顿解惊奇。边讲边医边教，良方解疾常怡。

身心同治

一个人的生理与心理是相互作用、相互影响的。身心同治是一种既治身病又治心病的新型疗法，是对整体观念的补充与完善，是辨证施治与整体观念有机结合的全新思路。哪些患者可以施行身心同治呢？一般而言有两种，一种是心病导致身病，另一种是身病导致心病，这两种患者采用身心同治法较为适宜。现将以下三个案例介绍给广大读者。

改变心理

有一位女大学毕业生，丈夫长期在外工作，一个月甚至半年才回家一次，她常独自在家，感到孤独，觉得生活越来越乏味，到某医院治疗后被诊断为抑郁症。患上抑郁症后，她的心理压力更大了，久而久之患上了头疼、头晕、颈肩酸痛、腰膝酸软和严重失眠。

2008 年她到我的诊所治疗，经检查我发现她的身体病痛并不严重，很快即可康复，而心理上的压力和痛苦却很严重。于是我为她制订了身心同治的治疗方案，即在治疗头疼、头晕等症的同时，进行有针对性的心理调适。我肯定她的聪明智慧和表达能力，与她谈心，让她愿意倾诉，说出自己的心里话。在进一步的治疗中，最重要的是摘掉她心理上抑郁症的帽子。我首先肯定她的思路清晰，反应敏捷，随后提出她可能不是抑郁症的诊断。开始时她半信半疑，由于经常反复举证说明她不像抑郁症的理由，渐渐地她也觉得自己不是抑郁症，进而解除了心理上的压力和生理上的障碍。后来，她的失眠好转了许多，生活中也逐渐有了笑容。这时她的丈夫调换了工作，每天有一定的时间陪伴她，这样她很快恢复了身心健康，重新回到了工作岗位。

为何移情

有些患者疑心重，心事多，情感上的猜疑或者误解很容易导致其产生生理疾患。我发现采用身心同治法调治，效果甚佳。

一位中年女性怀疑自己的丈夫有外遇，整日心情烦闷，而且她平素就有眩晕等症。一天，丈夫带着妻子来到我的诊所，经检查我得知她患的是混合型颈椎病，丈夫很有耐心，非常呵护妻子，妻子却闷闷不乐。经过试探，我得知妻子对丈夫存在猜疑误解，此次由于跟丈夫吵架导致颈椎病复发，经治疗，颈椎病得以缓解。随后，我又针对她心理上的障碍，进行了多种形式、多种角度的沟通。有一天，我为她讲了一段有趣的故事，说的是李世民手下有一名谋士叫房玄龄，他屡立战功，多次救驾，封官奖赏不计其数。一次，他又立了赫赫战功，李世民觉得无官可封，无物可赏，灵机一动，计上心头，命人奖赏美女一名。房玄龄的夫人得知后，进宫双膝跪地，说道："请皇上收回成命，那美女万万奖赏不得。"李世民大怒："抗旨不遵，你知何罪？""臣女情愿以死尽忠。"李世民当即下旨："给她端来毒药一碗。"太监会意，端上一碗黑乎乎的液体，这位一品诰命夫人二话没说，将碗中液体一饮而尽，又连连叩头："请圣上赐棺椁一口。"李世民大笑，说道："你吃的是醋，快回府去吧！"讲至此，在场的人无不先惊后喜，发出会心的笑声。

此后，我为她分析了婚外情的几种情况，并指导她有苗头时怎样提防，已出现时怎样遏止等有关事项，让她解开了心结，身体也渐渐康复起来。

学会摆位

有些人工作不怕脏不怕累，每天早出晚归，兢兢业业，却总是得不到领导的赏识和周围人的理解，甚至造成许多误解。自己受了累，还要蒙受委屈，久而久之身心疲惫，导致身心疾患。我对这种患者采用身心同治法调治，疗效较佳。

有一位30岁的男青年，工作认真，能力尚可，然而得不到领导的重用和周围人的认可。由于在电脑前工作时间过长，他患上了颈椎病，慕名到我的诊所求治，经我治疗后，颈椎病症状明显好转，但心理不悦未能解除。因此，我为他调整了治疗方案，采用了身心同治法。

我给患者讲述了各种工作的注意事项，例如普通员工要做到：不多事，不惹事，不误事。在领导身边工作要做到：眼神要活，反应要快，心绪要稳，说话要准。业务人员则需要做到：狮子头，八哥嘴，象皮肚，兔子腿，也就是头脑要灵活，口齿会表达，肚子能承事，腿勤不怕跑路。如果一个青年人到了新的单位，想得到领导赏识和周围人认同，千万不要急功近利，急于表现能力并干出显赫成绩。先要从性格上给他人一种良好感觉，尊敬他人，亲近他人，能够平和自己的心态，谦和地与他人交谈，给领导与周围人一个性格与素质方面的良好印象，然后再逐渐展示才能，干出成绩。这样一来，在工作中即使有点过失差错，大家也会谅解甚至为你说好话，俗话说性格决定人生，讲的就是这个道理。我经过反复讲解以及面面俱到的交流，既为患者解除了身体疾病，又解除了心理上的困惑。

我以性格与人生为题，写出了以下诗句：

决定人生是性格，情通智取少挫折。
错综人际敌中做，成败悠然更洒脱。

受宠一生是为和，归根还是靠人格。
辛勤善语刚强退，齿利舌柔硬早折。

未能形成好性格，怀才不遇受折磨。
任凭努力频频作，未必头来有赞歌。

今世修来好性格，情欢业畅少风波。
提职选聘优先用，方晓人生美味多。

巧力祛病

治病是医生的天职，为患者治好病是医生的最大快乐。多年来，我接治了数以万计的患者，在施治中认真负责，以患者忧而忧，以患者乐而乐，遇到有一定难度的顽疾，一时攻克不下，则根据情况调方案、想对策，时常寝食难安。现将四个案例简述如下：

颈椎错位

这类颈椎病的主要症状是颈部剧痛，稍加活动疼痛难忍，给患者带来极大痛苦与不安。

一位50岁的中年女性，晨起颈部剧痛，不能梳头穿衣，无法自理。于是她在家人陪同下，只穿了一件宽大的防寒服就来到我的诊所。经检查发现：颈椎强直，向右侧弯，颈5～6、颈6～7椎间隙变窄，寰枢椎错位，局部痉挛。我对其采取“十要十度疗法”治疗后，她顿感轻松。传统疗法对颈椎错位大多采用强硬的扳动，这种复位法有一定危险，疗效也不可靠。我经多年的临床实践，总结出一种自然还位法，让患者在不知不觉中安全复位，从而解除痛苦。自然还位法的特点是：疗效快，无痛苦，安全性高。我对这位患者仅治疗了20分钟，她的运动障碍便基本解除，疼痛明显缓解。家人无不为她高兴，她自己也轻松地长出一口气。

重度眩晕

重度椎动脉型颈椎病同样给患者带来极大痛苦，轻则行动不便，重则不能自理。

一位70多岁的男性老人，重度眩晕，视物不清，语声低微，行走艰难。在女儿陪同下，赶了30里路来到我的诊所。经检查得知，老人患了严重的椎动脉型颈椎病。由于老人平素身体强壮，从未进过医院，此时感到十分痛苦不安。开始几次由女儿陪同到我的诊所治疗，后来症状减轻，每天他只身一人前往就医，积极配合治疗。仅用两个疗程，他便完全康复，恢复了平日的笑容。

动转艰难

腰椎间盘突出症给许多患者带来了痛苦与不便。这种疾病多有外力损伤史，而过力和受寒这两种诱因则可以引起症状加重或复发。我经常为患者讲述有关腰病的医学常识。例如，受重创或摔伤而损伤腰部，不要剧烈运动，最好先卧床休息，这样对已损伤组织有促进愈合的作用。反之，受伤后剧烈运动则会加大损伤面而加重病情。一般说来，正常的压力不容易损伤椎间盘，只有遭受像拧麻花一样的压力或者突然打击以及扭伤等外力才会损伤椎间盘，进而造成纤维环破裂。

一位40岁的中年男性有腰椎间盘突出病史。有一天，自己的孩子没有按时完成作业却告诉他已经写完，于是他一时气恼，没有问清缘由，就采取了“棍棒底下出孝子”的教育方式。由于用力不当和孩子的灵活躲闪，他的腰部遭到牵拉性扭伤，便一时站立不稳，跌倒在地，一瞬间疼痛难忍，不能起身。男子吓坏了，和妻子抱头痛哭，认为自己可能从此失去自理能力。他稍加冷静后给我打电话，我立即告诉他需要马上卧床，不要随便乱动。当天，有亲属出主意让他到某医院治疗，也有朋友为他想办法到某诊所就诊。可以说是七嘴八舌，众说纷纭，总的来说是不让他在家里白白等待。由于这位患者接听了我的电话，感到心中有数，就坚定不移地耐心等待。当我出诊到他的时候，没有丝毫休息就进入了诊治，经过30分钟的治疗，他已经可以自己翻身，两次治疗后就可以起身下床，骑着自行车到诊所了。不久他便恢复了健康，重新回到了工作岗位。一家人皆大欢喜，特地为我的诊所送来了一面红木匾。

世界难症

脊髓压迫症是世界难症，脊髓型颈椎病同样如此。颈椎病共有7种类型，其中6种经治疗均可解除症状，只有脊髓型颈椎病例外。此类患者如果能遵照医嘱，积极配合治疗，症状也能得到基本缓解，早期患者则更有希望。我看病有一个特点，就是遇到了疑难杂症，患者的积极配合会增加我攻克顽疾的信心。

有一位55岁的中年女性，她的文化水平较高，对疾病等问题的看法也比较客观。由于患了脊髓型颈椎病，她产生行走艰难、眩晕难忍、声音低微、视物模糊等症状，经住院治疗却收效甚微。随后慕名来到我的诊所，我凭借多年的临床治疗经验，怀着对患者高度的责任感，为她量身定制了治疗方案。后经实践证明疗效确佳。她满怀感恩写了一首《巧遇谢大夫有感》，内容如下：

经百炼，杏林妙手解忧难。解忧难，时代奇才，万人康健。

诗词歌赋惊艺苑，仁德高尚修无厌。修无厌，中外济世，风光无限。

我自幼喜爱诗词，读后大悦，随后和了一首《忆秦娥》。内容如下：

婷婷立，高风重义随芳聚，同英玉。无瑕爽透，饱尝顺逆。

结缘悟道难题去，仁德感化天和地。圆心意，康宁寿享，增培雅趣。

外宾求医

多年来，我接待诊治从14个国家和地区慕名而来的患者达600余人，应邀到市各大宾馆为外宾治病500多次，采用“十要十度疗法”为他们解除痛苦，祛除顽疾。由于疗效显著，大家互相留下了深刻的印象，甚至结下了国际友谊。其间还发生了许多令人难忘的故事。

国客来津

与周总理生前有深交的日本友人南村先生到天津观光做客，由副市级领导负责接见，他由于年事已高和旅途劳累，头晕体乏，晚宴后想体验一下中国的医疗按摩术，于是我来到利顺德大饭店，为南村先生祛疴解疢。第一次治疗后，他感到症状减轻，第二天放弃了去东陵的旅游安排，接受了再次治疗。此时他感到头已不晕，体也不乏，便讲了一段周总理曾讲过的话："患者请医生治病，医生要求的注意事项如能听从一半，健康的恢复就会加快许多。"接着，他又幽默地说道："我感觉，医生不需要病人的配合也能迅速治病，岂不更好？"我微笑答道："医生治病的原理之一是扶正祛邪，也就是加强体内的正气而祛除邪气，如果患者不与医生配合，如何能做到这点？换言之，医生是帮助患者赶走疾病，如果病人不支持、不配合，甚至持抵制态度，疾病怎么能离开身体？如糖尿病患者需要少食含糖食品，颈、腰病患者应当不要过度用力，不要受寒，如果患者不予以配合，即使医生再努力，症状也难以清除。”说完，二人相视一笑。

另有一位外宾是法国的马迪先生，据说他是法国前总统办公室负责人、法中友好协会会长。有一天，他在首都国际机场下机后感到腰腿不适，在北京就地治疗过一次，感到效果不佳，后经他人介绍来到天津，立即将我接到自己的住处，由我为他进行按摩施治。经 30 分钟的按摩治疗，马迪先生就可以翻身下床，自由活动腰腿，宛如平时一样轻松。

两位华侨

有两位华侨，一位是来自联合国总部的工作人员，另一位是来自日本的商人，他们都是异国他乡的华人，在漂洋过海的过程中，发生了两段不同寻常的缘份故事。

其中一位是联合国总部的工作人员，她由于长期伏案工作，患上了颈椎病，感到痛苦难当。她先在美国进行了一段时间的治疗，但病情未见好转，于是来到自己的故乡天津寻找良医。她经亲属介绍来到了我的诊所，由于白天要帮助母校做事，只能早晚进行施治。我为了给她治病，每天进行早晚施治，经 10 天治疗后，她的病痛已基本消失，为了避免复发，我还向她讲述了反向平衡运动的技巧。她感到心情舒畅，二人由此结下了深厚友谊。

另一位患者是来自日本的商人，他患了疼痛难忍的颈椎病，已经住院并办理手术手续，但是听妻子介绍手术并无太大把握，听说中国天津有一位谢大夫治疗颈肩病、腰腿病很有疗效，于是立即改变主意，只身走出医院，转而来到我的诊所求医。由于路远病急，我为他制订了特殊治疗方案，每天上午专门为他单独施治，一个疗程后他的疼痛已缓解，也因此为他免除了一次手术之苦，消除了一次人生的可能风险。他感到非常愉快，特写书信致谢。

两段趣事

一段趣事是有关一位来自美国的女患者。她在治疗中讲述自己穷困潦倒时发生的趣闻。另一段是来自日本的年近八十的老社长，由于放饮茅台而发生的趣事。

来自美国的女患者由于长期的艰苦劳动，患上较重的颈肩病和腰腿病，在治疗中她向我提出了一个要求，即能否少收一点费用，她反复描述自己如何贫穷，我接待过大量的海外患者，还是第一次遇到这种情况。于是我稍加思索，也提出了一个要求，只要她每天为自己讲述一段发生在国外的经历，就可以为她免费治疗。她思考再三，最终应允。于是她每天为我讲一段国外的故事，可以说是知无不言，言无不尽。她讲的内容对我了解国外、走向国际起到了积极作用。

另外有一位来自日本的年近八十的老商人，他一生好饮中国的茅台酒。由于年事已高，饮酒过量，后来感到胃脘部疼痛难忍。他的家人叫来司机，带上翻译，请我立即出诊。我到了金利华大酒店，见到这位曾担任社长的老人指着自己的胃腹部，用很生疏的中国话说出了两个字："茅台"，又反复重复"茅台"二字，此举引得哄堂大笑。陪同翻译将老人放饮茅台的事情向我叙说了一遍，我几十年诊治以来，还是第一次遇到此类患者，随后根据以通为顺的指导思想为他实施手法治疗。一小时后，他的胃腹疼痛消失，脸上恢复笑容，风趣地说自己还想喝茅台。大家都会心一笑。

外商寻医

一位52岁的外商患了颈、腰顽疾，在本国治疗无效，随后又查出患有干燥综合征。有一次读到了我发表的论文，她喜出望外，仿佛在黑夜中见到了曙光，于是漂洋过海来到天津寻医。由于不知道我的地址和电话，她凭借智慧，请当地公安部门协助找到了我的诊所。我对此病例非常重视，将其列为重点治疗，在喜来登宾馆特地为她制订了书面治疗方案，其内容包括治疗时间、恢复程度、配合及医治方法。外商获此方案，高兴至极，仅用20次治疗病情便明显好转，她异常感激，还送来感谢信。一首《百字令·外商寻医》是这样总结的：

细读专论，访良医，不远穿洋垂问。沧海茫茫寻一粟，网络搜查解困。敬请亲临，礼仪迎送，万里缘相认。欣然走近，外宾典雅般顺。

观察诊断身心，腰疴颈疢，其痛君难忍。速写医疗专方案，体现良医诚信。真挚交流，精心调治，疗效频频进。外商大悦，盛传妙手新论。

良医献策巧排忧

心理问题疏导与解决实际问题同步进行是我进行咨询策划工作的宗旨和特色，这样就避免了只是疏导而不解决实际问题的空谈咨询法。

世界卫生组织（WHO）对健康的定义是："健康不仅是没有疾病，而且包括躯体健康、心理健康、社会适应良好和道德健康。"这项定义对医疗工作者提出了新的更高要求，不仅治身病，还要治心病。

我自1988年学习心理学并实践运用策划学以来，为他人当顾问、做挚友，至今接待电话咨询已过万人次，当面咨询策划的人也已过千。20多年来，我在咨询策划方面积累了较为丰富的经验，记录有100多个典型案例，现将这些年来咨询策划的案例与心得归纳整理如下：

心理咨询与人生策划

"三平衡、四交换、五吸引"是广泛运用心理学的要点之一。如果运用得当，可改变人的观念和行为，乃至命运。

"三平衡"，即平衡、不平衡、找平衡。也就是人与人、人与周围环境之间应当是平衡的，而我们往往遇到很多不平衡的状态，我们思考问题、解决问题最关键的一条方法就是找平衡。在复杂的、不平衡的问题当中想方设法找到平衡点，最终达到和谐统一。

怎样找平衡呢？通过“四交换”、“五吸引”即可实现。“四交换”，首先是知识交换。就是本身要有一定的知识储备与咨询者进行交换。二是思想交换。要有正确的见解和主张，然后才能与咨询者进行思想交换，使对方的思想水平得到提高与完善。三是情感交换。情感二字非常重要，俗话说“情商比智商更重要”。在事业或生活中，以智商做不到的事往往通过情商可以做到。有些智商非常高的人在情感上没有亲和力，不能和别人进行良好的沟通与交流，能力再大也很难得到充分发挥。四是必要的物质交换。有些必要的物质往来也是不可缺少的。当今社会以经济建设为中心，人与人之间的物质接触往往通过经济杠杆的调节作用达到预期效果。当然，精神可以转变成物质，物质也可以转变成精神，彼此的友谊也需要有利益支撑才能长久。

那么如何实现吸引呢？“五吸引”首先是知识吸引。自身有一定的知识水平和专业技能，他人有需求点，这样可以构成吸引。二是对等吸引。面对咨询者，无论是比自己知识水平高的，还是比自己低的，都能找到对等点，即找到适合对方身份、地位的谈话姿态与方式，其本身就是对等吸引。三是互补吸引。知道对方需要什么，然后给予补充，使其需要的东西在一定时机直接或间接地获得补充。达到互补效果本身就是吸引。四是信义吸引。俗话说“信为本，礼为先”，这是有一定道理的。信誉和礼仪都非常重要，能体现出一个人的品格和处事方法。讲信誉、重承诺本身就是一种吸引。五是个性吸引。个性吸引尤为重要。一个人有自己的特色与主张，能够与他人谦和交谈，亲和交往，不断平和自己的心态，这种个性本身就是吸引。

在咨询策划中我遇到的问题多种多样，涉及的内容各有不同，我认为咨询工作者要广泛学习、不断提高，这样才能为咨询者当顾问、做挚友，排忧解惑。

在运用心理学、策划学的过程中，我先后听了不少讲座，看了不少心理学书籍。古希腊著名医生希波克拉底认为人类有不同的气质。他把人的气质划分为4种类型，即多血质型、粘液质型、胆汁质型、抑郁质型。多血质型的人感受性低，耐受性高，其神经兴奋特点是强而平衡灵活，性格特点是灵活、活泼；粘液质型的人感受性低，耐受性高，其神经兴奋特点是强而平衡不灵活，性格特点是不灵活，属于稳定型；胆汁质型的人感受性低，耐受性高，其神经兴奋特点是强而不平衡，性格特点是易急躁，属于兴奋型；抑郁质型的人感受性高，耐受性低，其神经兴奋特点是兴奋程度更弱，性格特点是胆小、多虑，做事比较谨慎，属于抑制型。我开始学习这些知识时，总想对号入座，后来发现，其实很难以一种气质对应一种人，往往都是以一种气质为主，同时兼有一种或两种其他气质。总之，削足适履、生搬硬套在实际应用中是不可行的。

通过学习心理学，我认为理论和实际存在一定差距。因此，在实践中应注意：书本上理论切实可行的，可用来指导实践；理论有欠缺的，就在实践当中不断给予补充和完善。我从学习到运用心理学、策划学至今已有20余年。在应用所学专业知识的过程中，我发现，单独讲道理只是心理问题上的疏导，咨询者往往觉得远水不解近渴，现实存在的问题仍得不到实质性的解决。咨询者非常渴望既能得到心理问题疏导，又能够帮助他们解决一些实际问题，这就对咨询工作者提出了更高要求。此后，我在进行心理问题疏导的同时，还帮助咨询者出谋划策，解决问题，收到了良好的效果。

在心理咨询与人生策划的过程中，我积累了一系列既有个人特色而又行之有效的谈话方法与咨询策划技巧。顺、戗、问、答、渗、刚、绕、察这八个谈话法都是常用的，还有翘心法、探视法等许多不常用的方法。这些有效的方法在咨询策划工作中起到的作用是巨大的，咨询策划过程中遇到的难点多种多样，但我认为方法总比困难多，策划技巧使用不当也是不行的。

有一位优秀的青年干部，工作了好几年都没有得到提拔。他德才兼备，工作积极，为什么会这样呢？2001年初冬的一天，他带着这个问题前往我的诊所咨询。通过分析，我开始向他提问："你是不是和领导关系没有搞好？""这点您不需要考虑，我和领导关系非常融洽，每天都请示汇报，领导对我的工作非常满意。"青年回答道。"那么是不是私人关系不够密切？""这个您也不需要担心，每个周日我都到他家里去，把他家的脏活、累活全都包了，我相当于他家的家政人员。""他的妻子对你评价如何？""他妻子对我每天都是夸奖，还经常在领导那说我的好话。"我经过思考和进一步探讨后，果断提出建议，让他离开这个部门。"为什么呢？"这位青年惊讶地问道。"因为他的妻子对你的印象太好了，你的领导可能心胸也不够开阔，离开这个部门可能对你的前途更有利。”又通过一番分析，他终于采纳了我的意见。他和领导谈完后，领导非常高兴，并且帮助他调离部门，还歉疚地对他说：“这些年是我埋没了你，到新部门后你一定会得到重用的。”果不其然，到新的工作环境后，短短半年他就得到了升职。

咨询工作涉及范围很广，从做生意是否挣钱到投资有无风险，再到事业、家庭所遇到的各类问题。人生策划工作遇到的情况多种多样，其中情感问题最为多见。

曾经有一位青年女性前来我的诊所咨询：她的丈夫非常优秀，事业有成，将所有收入都交给她，可以说是财政透明。遗憾的是，丈夫经常早出晚归，很少有时间陪伴她，她感到十分孤寂。人生的痛苦一是寂寞孤独，二是久病或失去亲人。这位青年女性的丈夫给妻子请了一个秘书，是一位学业优秀的研究生。其实丈夫就是请了一名家庭教师，是为提高妻子的文化修养而采用的一种方式。这位妻子也很敏感，说道：“他哪是给我请个秘书，其实是为我请了个家教，让我不断地学习，对我提出了更高的要求而已。”经过愉悦的沟通和有效的指点后，她一时来了精神：“谢大夫！

我能不能跟您多谈一会儿？”与此同时，她又拨通了自己丈夫的电话：“谢大夫，您能不能和我爱人说两句？”我虽无思想准备，可还是积极面对。接过电话后稍加沉思，我想先采取一次观察谈话法，如果对方是有修养的人，这是一种解决问题的方法；如果是一个不讲理的人，就换另一种解决方法。面对话筒，我冷静地问道：“你知道一个人的孤独是何等痛苦吗？”对方没有回答，我接着说：“你不是一个合格的丈夫！”对方略加沉思问道：“我想知道自己哪一点不合格？”我心中暗喜：这是一个有修养的男人，他并没有表现得暴跳如雷、蛮横不可一世。他首先追问自己哪一点不合格，我还是重复刚才的第一句。他这次回答：“啊？我明白了，我要尽快改正。”那天的咨询和策划就这样结束了。大约过了三个月，这位青年女性兴致勃勃地来到我的面前说：“总想来看您，可我太忙了，我们家那位在外开了家饭馆，让我去收银，从早到晚也离不开，真是忙死了！今天从这里路过，顺便来看看您，我知道您什么也不缺，只带来一箱苹果，希望您一辈子能够平平安安的。”我十分愉悦，表扬她丈夫是一位有心人，并作词如下：

忧容悴，高楼闷作千行泪，春心碎，腰

缠万贯，珍馐乏味。

夫君在外身心累，无暇久伴良姝睡。言无讳，及时唤醒，温情以对。

以上属于婚姻情感中出现的问题，还有一种由于家庭贫困而引发夫妻不和，甚至家庭濒临破裂的案例。

有一对夫妻到我的诊所咨询，妻子说丈夫没有志向和事业，懒惰心高，天天找机遇却找不到，家庭生活遭遇了困境。这位丈夫却说妻子好吃懒做，爱好攀比，好面子而不愿出去工作。我听完他们的叙述，又进一步了解了他们的情况，知道他们文化水平不高，工作能力也不是很强，创业发财的事可能对他们而言并不现实。面对现实生活，先实现温饱，再奔向富足应该是一条可行之道。可是，丈夫眼高手低，大事做不来，小事又不愿意做；妻子更是享受型的，总是想坐享其成。这样的家庭矛盾很多，最终二人离异的情况也很多见，问题解决起来有一定难度，应该引导他们面对现实，做一些自己力所能及的工作。我用了一个笑话切入主题，与他们进行切合实际的谈话。我首先幽默地对这位丈夫说：“你是一张旧船票，搭上了一只退役的船，也还算可以吧？”夫妻俩当时都笑了。“对你们来说，先不要去想发财，做一点力所能及的事来维持基本生活，培养孩子，让孩子长本领，你们也学习一些专长，这样日子会渐渐好起来的。”又对这位妻子说：“我说句你不高兴听的话行吗？”“您说吧，什么都行！”妻子说道。我告诉她：“你也不是很优秀，是一颗富贵的心嫁了贫困的人。”他们夫妻同时会心一笑。随后我话锋一转，切入主题：“现在你们在一起生活，相濡以沫还能维持，如果真要离异，你们还离不起。因为只有一间房子，总会有一个人没有地方住，孩子还成了单亲，一个不富裕的家庭又分成了两家，岂不是雪上加霜？我认为你们的主要问题是度过暂时的困难。目前，先做一点工作维持生活，不要出更大的家庭问题是当务之急。”我对他们的各自情况做了详细的分析，又为他们各自的工作做了切实可行的指导，最后他们终于想通了，准备搏一把。后来两人开了个早点铺，生意还不错，生活逐渐宽裕起来。有一天夫妻二人来到我的诊所致谢：“多亏您的指点我们才保住了家庭，不然，还不知道会发生什么呢！”其实有些道理大家都明白，遇到问题时却糊涂了，这就叫“当局者迷，旁观者清”。

多年来有打电话咨询的，也有当面咨询的；有来自本市的，也有外地的；有中老年人，也有青年人；

有丈夫，也有妻子。有离奇到难以置信的事，但确实是现实中真实发生过的。还有许多令人感到极为平常的事，似乎大家一看就清楚，可是当事人却感到很迷茫困惑。总体来说，心理咨询和出点子策划帮助解决问题的市场需求量很大。我为了把工作做好，经常与人讨论问题和学习充电，思考如何化解各类矛盾，探索解决问题的合适方法。近年来，积累了一系列经验，我愿意将其记录下来，传播出去，或多或少为社会做点贡献。

在长期的心理咨询与人生策划的工作中，我遇到过许多极为罕见的特殊案例，在此简单介绍，与大家分享。

除暗恋

一位丈夫的妻子上初中时暗恋男同学，但没有任何的情感交流。后来各自升学，走向了工作岗位，也没有任何信息往来。但这位妻子暗恋这位男同学的心理活动从未减弱，她和丈夫谈恋爱时曾向其坦言此事，丈夫原以为婚后会自然消失。不料，婚后妻子在睡梦中常呼唤那位男同学的姓名，丈夫痛苦至极，特来请我排疑解惑。经有效的咨询策划，采用“因势利导法”，问题得到了根本解决，终使这对夫妻重获美满与幸福。

平波

一位已婚的中年女性爱上了一位刚满18岁的男生，不久被丈夫和男生的家属发现，双方都态度激烈。已婚女性由于情感太过投入，一时难以自拔，特来找我排疑。经咨询策划后采用“宣泄转移法”，又结合调整生活方式等措施，最终达到了理性配合并有意淡忘的目的。

误入迷途

一位70岁的女性带着一盘录音带和一封长信前来找我咨询策划。原来录音带和信纸上记录的都是儿媳与情人的密切接触情况。我问明事实，提出了“以静制动法”来观望事态发展：如果二人离异，则将此物交给儿子；如果夫妻和睦，就等到临终前再将此物交给儿媳。其中内涵深刻，大家彼此心照不宣。后来儿媳到国外找丈夫去了，家庭十分和睦。

防心变

一位外籍商人在中国开办西式糕点厂，关键工艺需要派人去海外接受培训。由于其中有保密成分，外商担心培训者泄密后跳槽。一次他偶遇我，顺便咨询此事。经分析，我提议“择德用人法”，即选中年、不会外语和无文凭的男子，以忠厚老实为宜。按这种标准选中的人满足感强、跳槽可能性很小。我的提议打消了外商的忧虑。5年后证实这种选择是正确的。

反举证

一位青年女性的丈夫去海外7年后向她提出离婚，并索要7年来寄回钱款的一半，以汇款单为据。妻子以不同意离婚为由予以拒绝，并特地来我的诊所咨询。我经分析策划提出了“反举证法”，后经实践证实十分奏效，智退了对方，维护了女方的合法权益。

我当如何

一位有精神病史的少妇发现丈夫有外遇，用尽方法未能阻止。她怀着焦急的心情前来我的诊所咨询。得知详情后，我为她提出了“先择去路，再虑退路”的策略，这是一种既维护其经济利益，又维护其合法权益的理智方案，具有全面平衡与力争受害者各项利益的优点。

打开心结

一位曾非法获取他人钱财的青年幡然醒悟后，悔恨交加，不知如何打开心结，特来找我咨询，经开导策划后，他在事业、家庭各方面加倍努力，最终释怀，并大获成功。

巧降温

一位年过七旬的老人一生担任国家干部，退休后老伴去世，想完成创业的夙愿。因投资金额较大，子女又不便阻拦，我对他采用“因势利导法”，帮助老人策划创业投资的前期工程，老人大喜，子女也赞成，帮他避免了盲目投资可能带来的各种损失。

再展红香

一位中年女士的婚姻走到尽头。她的丈夫长期不回家，也不给生活费。妻子等待多年仍不见丈夫回心转意，无奈前往我的诊所咨询。我给予宽慰开导，并提出四字方针，即“忍、放、分、离”。妻子认真选择后豁然开朗，终于找到了自己的归宿。

总之，咨询是一种有益于个人、家庭和社会的新兴工作。咨询工作者要不断提高自己，以使咨询工作尽量满足咨询者的各种需求，更好地为咨询者排忧解惑。

恋爱婚姻与“两大克星”

情感心理学主要是研究情感的共性与个性规律的一门学科。情感上的咨询策划就是疏通情感障碍，以化解婚姻中出现的诸多问题。多年来，我帮助许多热恋者走出困境，也为许多家庭当顾问、做挚友，成全了许多情感婚姻的完整与美满。本节讨论的恋爱婚姻与“两大克星”，其含义较深、内容较广、应用性较强，如果掌握要领，便可以为情感婚姻保驾护航。

四种恋情

通常说的恋情即恋爱中所产生的感情。什么是感情呢？简单而言，印象好、愿意接触、见不着思念，这些是感情的基础。恋爱中的情感大约可分为初恋、热恋、狂恋、淡恋四个阶段。初恋到热恋阶段一般说来感觉美好。这一段时间相互之间的接触都是相敬如宾，心中时刻有对方，遇到问题愿意往好处想，遇到困难都愿意主动承担责任。到了狂恋阶段就不是这样了。什么是狂恋？就是爱对方爱到了极点。

一对恋人到了狂恋时期，一次看录像，屏幕上出现了一位漂亮女性，男士多看了几眼，这位女恋人就接受不了。她立即走出录像厅，无端地发脾气，她的突然变化让男士感觉莫名其妙。经过反复询问后才得知是因为屏幕上那个漂亮女性。按常理这并没有什么，爱美之心人皆有之，看录像又算得了什么？但是到了狂恋阶段则不然，会让人无法接受。一副对联这样写道：“静爱长江水，狂情滚烫油”。意思是相互尊敬的爱如同长江水一样源远流长，令人感觉非常美好。到了狂恋阶段整个人好比一锅热油，有任何一点异物也不行，都会迸溅开来，此时十分危险。如果度过这段时间进入平淡化的情感还是不错的，从狂恋走向情感破裂的也大有人在。由此结成婚姻走向家庭，并且稳定下来，这是最佳状态。如果不是婚姻也不是恋情，婚外情到了狂恋阶段也是很危险的。由此发生意外也不足为奇。通常这种狂恋阶段的时间持续周期大约在18～30个月，即一年半到两年半时间。

针对狂恋阶段的特点，我曾写过一首《清平乐》词，内容如下：

风情如画，零距仍觉大。不到天涯非作罢，海底山端同跨。

春秋碰撞情发，冬眠片片雪花。酷暑雷鸣雨落，晴空万里无涯。

第一句“风情如画，零距仍觉大”，是说风情像画中描绘的那样美好，已经近在咫尺还觉得相距甚远，总觉得爱不到尽头，爱不到心中想象的那个位置；第二句“不到天涯非作罢，海底山端同跨”的意思是非要走到天边、走到爱的尽头才行，怎么做也无法摆脱心中的那种爱。此时此刻，同甘共苦，同心同德，哪怕有一点分歧也是不行的；第三句“春秋碰撞情发，冬眠片片雪花”是说彼此一个爱的火花碰撞就是一次情感的抒发。但是，情感也有疲劳的时候，如果沉默无语还好，但有意疏远一点让情感经历一个恢复的过程则更好。懂得如何降温、如何升温的情感更容易长久一生，幸福到老；第四句“酷暑雷鸣雨落，晴空万里无涯”的意思是狂恋到了疲劳时刻，有的人不懂得理智调整，表现得心浮气躁，在某些问题上即使出现一点分歧也会造成情感上的裂痕。

总之，狂恋阶段一旦处理好了，就会自然过渡到淡恋阶段，从而走进幸福的婚姻殿堂，一旦处理不好，就可能造成终身遗憾。

情深利大

异性之间，不管是怎样海誓山盟的情感，只有没有利益干扰的纯真情感才是美好的。品味这种情感称得上是人生的一种境界。但在改革开放的今天，以经济建设为中心，如果情感加上利益的色彩，即功利性，为达到某种目的的情感最容易产生问题。“爱和恨只是一步之遥”讲的就是这个道理。有一对非常要好的异性朋友，他们有幸相识，志趣相投。不久，决定合伙开办一家公司，并且经营得十分出色。这真是“千年修得同船渡”，二人心心相印，许多富有诗意的创意触动人心。开始创业的时候，他们同甘共苦，一方是出资人，也就是老板，另一方配合工作，应该算是打工者，当时二人不分彼此。随着事业的快速发展，配合工作的一方欲望不断提高，分歧与怨念由此产生，两人之间的关系由融洽变成了隔阂。彼此每当想到美好的过去都会感到无比心酸。一副对联这样写道：“有幸缘合，同舟共济心无二，诗情画意；欲望出偏，怨念横行利促分，泪洒心田。”横批是“情深利大”。

“八要”、“六真”与“两大克星”

多年来，我在婚姻情感的咨询策划中总结了一些新观点，发现了不少解决问题的有效方法，维护了许许多多的家庭。婚姻情感中的“八要”、“六真”、“两大克星”就是我总结的经验之谈，在实践中应用广泛，很受欢迎。

什么是婚姻情感中的“八要”、“六真”、“两大克星”？“八要”中的第一点就是“好”字。婚姻中两人没有好的过程能够走到一起吗？首先彼此有了好的感觉、好的情感，最后才能结合成为婚姻。问题是这种状态能够几十年如一日地永远保持吗？月有阴晴圆缺，人有旦夕祸福，情感也同样有波动起伏。因为家庭的情感不是单一的，还有老人、孩子、柴米油盐等一系列问题。在某些问题上产生矛盾，出现争吵也在所难免。

“八要”的第二点就是“吵”字。必要的争吵是正常的，不要以为争吵就是感情不和，有句老话“争争论论到白头，搀扶揽腕到晚年”讲的就是这个道理。夫妻间难免有分歧和争吵，出现了必要的争吵，过去就让它过去了，其实也没有什么，往往夫妻都是为对方好，也难免产生误会、出现争吵。有一对夫妻，妻子在外工作，丈夫下岗在家洗衣做饭。有一天妻子买了两条裙子回家，丈夫看了责怪道：“买一条还不行，有必要买两条吗？再看你买的裙子，洗完了还要熨，多麻烦！你应该买免烫那种。”此刻二人产生误解，妻子说：“我天天在外挣钱，买两条裙子你还责怪？”话越说越多，最终争吵起来，甚至到了离婚的份上。此刻妻子还比较冷静，毕竟她属于强势一方，家里还要靠她支撑，丈夫则表现得恼羞成怒。争吵到了不可开交的关头，女主人给我打了个电话：“谢大夫呀，我们两口子吵起来了，在闹离婚，您给我们支支招吧！”我立即答道：“好啊，来吧！”其实我已经睡了，当时已是晚上11点多，为了保全一个家庭，化解夫妻间的矛盾，就是再晚再累我也毫无怨言。我到诊所时，他们已在门外等候多时了。二人虽然平素和我挺熟，今天却没有打招呼，而且继续争吵，言辞都很激烈，二人互不相让。我无法插话，他们也听不进去，此刻我也很为难，如何调解这个问题呢？我灵机一动，从抽屉里拿出几张事先写好的字条，厉声喝道："你们先暂停争吵，每人拿三张字条，谁对谁错就一清二楚了。"妻子已经不愿继续争吵，她首先拿出第一张，上面写着"婚姻平常"。我顺势批解这四个字："你本来就不应该结婚，看这'婚姻平常'，你能组建家庭就不错了，还挑剔什么？"吃醋的丈夫也情不自禁地拿出了第二张，上面写着"事业平常"，我说道："字条上写着'事业平常'，你只知道干些家务，只要打零工挣点外快，把这衣服拿到外面去洗，人家不都给熨好了吗？其实，你应该把精力放到事业上。"妻子有些得意，又拿出第三张，上面写着"好不好，自己找"。我接着批解："好坏都是自己选择的，不要去怨别人，如今都是自由恋爱，要怨就只能怨自己"。丈夫又拿出了第四张，上面写着"好心伤人自不知"。我批解道："好心好意却把人家给伤了，自己还不知道，为什么呢？就是因为不会说话，要是把话说得婉转一点，不引起对方的反感不就没有争吵了吗？也不至于把矛盾激化到'离婚'的地步。”妻子连忙拿起了第五张，上面写着“真情无价”。我批解道：“一个人不是总如日中天，丈夫下岗了不是说永远不行，你不要在这时过多刺激他。别看你们二人正在争吵，出了门，如果有人欺负你，他还是会奋不顾身地保护你，绝对比花钱雇来的保镖靠谱得多！真正的情感可不能用金钱来衡量，真情是无价的，有钱人未必有情感，有情人未必有金钱，有财理财，无财也要学会理情嘛！”丈夫得意地拿出第六张，上面写道：“离入坎乡，浇融自耗”。意思是火与水交融，水能灭火但会蒸发，说明夫妻争吵，各自身心都会受到伤害。我解释完含义接着说：“你们照这样争吵到明天，各自跟自己过不去，损耗了各自寿命，如果继续争吵下去，你们就要把存折备好，准备往医院送吧！夜已深了，你们累不累我不知道，我已经累了，要休息了，你们愿意吵就回家继续吵吧！如果觉得没什么意思，我看就到此结束吧！”二人都笑了：“快让谢大夫休息吧！”次日清晨，两人分别打来电话致谢，风雨过后，他们还是和好如初。

“八要”的第三点是“恼”字。恼是难免的，夫妻之间有好也有吵，难免出现烦恼，甚至恼羞成怒。有人采取冷战，有人采取过激的言语刺激。一般说来，一段时间后也就过去了。千万不要记恨，更不要穷追猛打，人都有高兴和烦恼的时候，夫妻间也不例外。

“八要”中第四点是“跑”字。在整个婚姻过程当中，如果没有“跑”的发生也不完美。那么什么叫“跑”？就是心里想出走和身体有回避的时候。有时心想当初自己怎么会选择他呢？这就叫心里跑了，这种情况在所难免，等心情好的时候也就忘了。暂时的回避或妥协也属于一种“跑”的形式。这种“跑”和心理上的“跑”都属于一种调整，这种调整在婚姻情感中都是正常的。

一位中年女士特别爱跳舞，久而久之喜爱上了一位年轻英俊的舞伴。这位女士有钱愿意让他花，有好吃的愿意给他吃，见面很高兴，见不到就思念。她有很优秀的丈夫和很懂事的孩子，不愿意破坏自己的家庭，更不愿意选择离异，于是到我的诊所咨询。进门未曾寒暄，她悄悄对我说：“我遇到难题了，爱上了舞伴，难以自拔，您是知道的，我的家庭很和睦，不愿意离婚，可是无法自拔，不知如何是好。”听了她的陈述，我稍加沉思问道：“你能听我的话吗？如果听，这点小事不难解决；如果不听，那我也无计可施。”“我要不听就不到您这来了，我就是特地过来找您帮我解决问题的。”女士急切地说。经过一番分析，让她明白利害以后，我提出一个化解方案。由于这位女士是做室外房屋装修的，我建议她招揽一档外地工程，如果 10 天完成，就说一个月才能回来，如果一个月完成，就说一个季度才能回来，并告诉她不要询问原因，一定要按告诉她的去做，她欣然应允。没过几天就招揽了太原的一项工程。本来是半个月的工程量，她告诉舞伴自己可能两个月后才能回来。两人临别前立下誓言，约定彼此不见面谁也不和别人跳舞。结果这位女士用了很大毅力后只坚持了一个星期就跑了回来。她没有先回家，而是按照预先策划，穿着工作服来到了舞厅，却发现她的舞伴正和一位更年轻的女性跳得非常热烈和开心，她目瞪口呆。这件事还用我解决吗？心跑了就回不来了！我以对联的形式记述了这件事：“误入迷宫，暗恋舞友痴无奈，日思夜想；家和子孝，明知短路难自拔，倾述登门。”横批是“药到病除”。

“八要”的第五点就是“找”字。有“好”、有“吵”、有“恼”、有“跑”的时候，作为夫妻都要自觉地把对对方美好的感觉重新找回来。怎样才能找回当初的美好感觉呢？大部分夫妻自然而然地就找回来了。

有的夫妻则不然，要用心、用方法解除冷战并得到对方谅解后才能找回来。在“找”的过程中，记住尽量不要让他人介入，以免留下夫妻间情感上的裂痕。

“八要”的第六点是“巧”字。巧妙的相处艺术是不可缺少的。经营夫妻的婚姻情感也像从事一项事业一样需要聪明才智。在平淡中学会释放点浪漫火花，在浪漫中又要记住以现实为基础，也就是在现实中注入浪漫，而浪漫又依赖于现实。夫妻间巧妙的相处艺术很多，对丈夫来说，归纳起来有三点：一是会欣赏，即会欣赏自己的妻子；二是会调试，即对妻子进行情感调试是极为重要的；三是会表现，有人说夫妻之间用得着吗？其实该表现的时候一定要表现。对妻子来说，相处的艺术归纳起来也有三点：一是会说丈夫爱听的话，所谓甜言蜜语，不是出自真心的有时也能起到良好作用；二是会撒娇耍赖，丈夫往往不怕妻子与他争辩讲理，而最怕妻子撒娇耍赖；三是幽默顽皮，必要的幽默顽皮是夫妻相处艺术的重要环节。

“八要”的第七点是“搞”字。恋爱过程中常用“搞”字，婚后的情感还需要吗？其实，恋爱不止包括婚前，婚后的时间更长、更为复杂。婚后恋爱的表现特点多为磨合与沟通，婚前只是青年时期，婚后还要经历中老年时期，家庭成员也越来越多，磨合与沟通的内容也经常发生变化。有四个“一点”需要牢记，即：宽容一点、体谅一点、豁达一点、糊涂一点。该宽容的一定不要计较，该体谅的一定要换位思考，该豁达的不要记恨，该糊涂的少一点明了。

“八要”的第八点是“老”字。以前七部曲循环往复，应当学会在不同的环境和时期学会制造不同的浪漫火花。让婚姻情感中的这部分不断增添新的内容，最终获得幸福与快乐。“老”字还有第二个内涵，即“少来夫妻老来伴”，人到老年相互搀扶、相互谅解是主题，应当予以重视。

以上提出的“八要”对于拥有美满婚姻的人都应该或多或少有经历。还有“六真”也同样重要，即：“真计”、“真气”、“真疼”、“真爱”、“真给”、“真要”。

真计较、真生气的话说明夫妻间还是有感情的。有一对夫妻吵架气得不得了，互相指责对方，你一言我一语互不相让，最后闹到要离婚。可真正到了法庭上，两人又觉得没有必要，已经年过半百，离了又当如何？这时又都幡然醒悟。二人在分割财产时为一个立柜争来争去，丈夫说：“立柜是我打造的，它归我。”妻子说：“从结婚到现在立柜一直都放我的衣物，我得要。”法官说：“谁要立柜谁出钱。”两人都表示愿意出钱。法官又说：“谁要立柜谁多出钱。”两人又都表示愿意多出钱。此刻，年轻法官有些急躁了，一位中年法官以接电话为由叫出青年法官，示意他们其实并不愿意离婚，青年法官豁然开朗，重新入座后提议先回去将立柜的归属权达成协议再考虑离婚问题，二人走出法庭就再也没有回去。因此，真计较、真生气到了极点时其实也还是有感情的。

所谓“真疼”、“真爱”，即两个人无论怎样争吵却仍有疼爱成分在里边，说明情感并没有破裂。有一对夫妻争吵，言语尖刻，互不相让，妻子突然把烟和打火机拽到了丈夫面前，丈夫抽出一支烟打着了火抽了起来，过了一会儿，又倒了一杯水蹲在了妻子面前。一个人要是好好地放这杯水，另一个也好好地递一支烟不行吗？此刻不行，因为他们正在争吵。其实，这种争吵在某种意义上来说也是一种快乐，也是填补内心空虚的一种方式，由于彼此情感并没有破裂，还有疼爱成分掺杂其中，所以出现了令人费解的一幕。

所谓“真给”、“真要”，就是彼此间的爱慕、沟通和生活，一方给予，另一方接受，存在这些情结的都属于情感没有破裂。因此，在“六真”以及以上提出的“八要”范围内的都属于正常婚姻，存在些许不愉快也很正常。

夫妻间有两个字需要注意，一是猜疑的“疑”，二是误解的“误”。猜疑和误解是婚姻大敌，堪称婚姻的“两大克星”。在婚姻情感过程中最怕的是猜疑和误解，所有的夫妻务必牢记。怎样避免猜疑与误解呢？彼此间毫无保留的真诚沟通才能避免这两个问题的出现。它们一旦出现，会影响到婚姻的质量和家庭生活的正常运行。

有一位53岁的男子到我的诊所咨询。他由于身患重病不能外出工作，妻子打工供养孩子上学，同时为他治病，独自一人承担着家庭生活的重担。开始时妻子为一家公司讨债，后来老板发现她有能力，就将她派到外地做办事处负责人，工资提高了三倍。后来丈夫发觉不对劲，钱是多了些，可是人不在身边了，越想越气恼，于是前来我的诊所咨询。我开始为他讲了一些婚姻常识，后来针对实际问题讲了他的案例，暗示他跟着我走。我举了一个例子：“一个妻子，为了照顾生病的丈夫、完成孩子的学业、支撑家庭的生活，独自到外地去工作，即使有点偏差也是为了家庭，你说她是可歌呢，还是可恨呢？”他想了想，不高兴地说：“您的意思是让我谅解她？”我接着说：“那倒不必，你妻子今年三十几了？”“何止三十几，都过半百了！”丈夫急切地说。我接着说：“跟你说句实话吧，这样年龄的人，给人家钱让老板做这样的事，人家都不一定干，已经过了那个年龄了。”“那您意思是我多想了？”“对，没错！绝对是多想了。”我说道。因此，对于一对感情要好的夫妻，猜疑和误解这两大克星千万不要带到家里来，一定要学会沟通和谅解。夫妻二人往往都是好意，为什么会有争吵和分歧呢？一个是真心，一个是善心，都是有了误解和猜疑而产生了争议，真心和善心相搏斗，最后两败俱伤，这样一旦到了不能谅解、不能融和的时候，会导致分道扬镳。我见过几对离异的夫妻没过多久就后悔了，都觉得当初不该离婚。原来总是恨对方，过了一段时间却又总是想起对方的好，就怎么也恨不起来了。所以说婚姻是微妙而神秘的，往往用常理很难说清楚。

以上介绍了恋爱的四种情感，以及情感与利益的纷争，总结出“八要”、“六真”和“两大克星”。一首《卜算子·情感揭谜》是这样概括的：

初际热之头，狂属淡之伴，愉悦意歌海誓情，异想方生怨。

“八要”、“六真”容，疑误悄疏变。真心善心搏斗，分远留思念。

家庭矛盾化解答疑

我学习和应用家庭心理学，主要目的是维护家庭成员的各自利益，促进家庭和谐、和睦，使千家万户更加幸福美满，从而充分地享受人生欢乐。我曾以“家事答疑”和“莫强求”为题分别撰写了两首词，精要地描述了家庭生活细节的方方面面，提出了化解家庭矛盾以及解决家庭问题的有效方法。

以下是《摸鱼儿·家事答疑》的全词：

讲千家，错综难断，归根宗法随意。顾全“四点”增情意，任万变，当切记。君莫气。论对错，惹得烦恼又何必，三七特律。忍痛不明言，扯邪更腻，莫若坦相叙。

临婚娶，二老深沉探秘。再婚团聚各异。姻缘欠美随它去，解冻妙方专利。平安乐，贪祸己，空虚饱暖生淫欲。择妻择婿，禁忌貌当先。家庭戏剧，导演调情趣。

现按句阐释如下：

“讲千家，错综难断，归根宗法随意”的大意是家务琐碎且错综复杂。家庭不像国家有法律、单位有规章，是一个非常随意、没有更多章法的避风港。对于家务事，国法和单位规章往往用不上，故而有“清官难断家务事”之说。在中国古代，皇帝能够治理万里江山，面对后宫纷争却常常一筹莫展。当今社会，在事业上是佼佼者的丈夫，面对家务事却未必能处理得当。

“顾全‘四点’增情意，任万变，当切记”的意思是要想处理好家庭矛盾，必须做到“四个一点”。一旦掌握并运用得当，家务事也就不难解决。

一是宽容一点。对于许多家庭琐事，只要没有原则问题，就不要斤斤计较，宽容一点是尤为必要的。有一对夫妻都很优秀，丈夫主张用牙膏从下往上挤，而妻子则总是从中间往上挤。丈夫经常告诉妻子要从底下往上挤，妻子有时照办，有时仍然随意，丈夫反复提醒，妻子多次忽略，久而久之，二人常为此事争吵。如果只是争吵还无所谓，后来引发了情感上的裂痕。我认为，这就是宽容一点就能解决的问题。

二是体谅一点。体谅二字在家庭生活里占据了重要地位，特别是换位思考。有一位女教师的夫妻感情尚好，只是和单身的婆母常有隔阂。比如在婆母家看电视时，夫妻二人之间坐的距离近了，偶尔开几句玩笑，这本来没有什么大不了，但是婆母却接受不了，立即摆出很不高兴的样子。婆母看不惯她的儿子和媳妇打情骂俏，究竟是什么原因呢？我经过详细了解，得知其婆母有恋子情结。原来老人年轻时丈夫去世，独自一人把儿子从小带大，对儿子格外疼爱。男大当婚，媳妇将心爱的儿子夺走了，她一时在心理上接受不了而又不便说出，内心感到很压抑。作为儿媳，此刻应体谅婆母的感受，当我接待她咨询时特别强调了“体谅”二字。夫妻在婆母面前要尽量少一点打逗，多注意婆母的感受，二人单独相处时可以随意，与婆母相处时则应尽可能庄重一些。他们夫妻二人感情尚好，主要问题是婆母的恋子情结让妻子受不了，于是产生了离婚的念头。通过我的心理疏导、行为策划，她得到了启发，并按照预订方案作了一番努力，最终赢得了双方的体谅，从而维护了家庭的完整。由此说明“体谅一点”在家庭成员中是非常必要的。

三是豁达一点。俗话说“家家有本难念的经”，在难以解决的矛盾面前表现得豁达一点，有利于家庭和谐和身心健康。很多人在问题面前由于心胸狭隘，造成问题恶化、形势紧张的并不少见。因此，在家庭生活中“豁达一点”十分必要。

有一个家庭的父母都很优秀，他们的独生子却不争气。父母对儿子进行了重点培养和多方教育，但都收效甚微。丈夫经常埋怨妻子对儿子太过溺爱，而妻子又总是埋怨丈夫对儿子管理太严。一个幸福的家庭经常处于吵闹之中，其实缺乏的就是“豁达一点”。一个人、一件事很难完美，俗话说“金无足赤，人无完人”，而且所有好事不可能都落到一个人身上，对于家庭同样如此，一个人、一个家庭有某些欠缺是正常的。古人说的“十二生肖各有一缺”就是说明了这个道理，例如虎无颈、蛇无足。努力做事固然好，强求则往往使结果适得其反，面对急也无用的家庭问题，表现“豁达一点”尤为必要。

四是糊涂一点。俗话说“难得糊涂”，就是讲的“明白难，由明白到糊涂更难”这一人生哲理。在某些难题和无关紧要的家庭琐事面前，表现出适当的糊涂与妥协是明智之举。不要说在家庭，即使在社会和工作环境中表现出一些糊涂与妥协也是十分必要的。在很多细枝末节的问题上宜粗不宜细，这和认真做事并没有矛盾之处。在很多的无奈面前，宽容一点不行，体谅一点不行，豁达一点还做不到，采取一些必要的妥协，糊涂一点，事情也就过去了。

“君莫气”的意思是对家庭琐事千万不要真动气。我在咨询工作中曾遇到一对夫妻，二人双双下岗，由于他们原来在饭店工作，就又干起了老本行，开了一家饭店。创业时，二人同心同德，后来事业发展壮大了，却在管理理念上产生了分歧。妻子认为，竭尽全力把这一个饭店经营好就可以了；丈夫却想开连锁饭店。二人在事业发展问题上的分歧越来越大，后来影响到了饭店的日常经营。丈夫先来到我的诊所咨询，后来妻子也来咨询，令我感到有意思的是，他们都是背对背的，后来才得知他们是夫妻。我为他们讲述了“二人同心，其利断金”的道理，提出了发展对错不能凭空想象，调研与实践是不可或缺的，他说你保守，你说他冒险，其实都有道理，谋求发展的目标是一致的。我为他们策划了许多考核验证的有效方法，最后夫妻二人心悦诚服地达成了一致。为此，我写了一副对联，上联是“下岗夫妻，避短扬长开饭店，精明强干”，下联是“兜囊见鼓，经营理念起纷争，各自难容”，横批是“究竟如何”。

“论对错，惹得烦恼又何必，三七特律”的意思是在家庭成员之间，特别是夫妻之间，有的总愿谈论对错。其实，家庭的许多问题是难有对错之分的，特别是夫妻之间很难说清谁对谁错。家庭和社会不一样，家庭成员之间的相互呵护、相互依赖比社会成员往往表现得更突出、更有个性，家务事过于谈论对错，只能平添烦恼。

古代有一对夫妻因为一道数学题而争论不休，丈夫说三七二十一，妻子偏说三七二十二，二人互不相让，后来找到县官评理。县太爷听了各自叙述之后大声喝道："谁说的三七二十一？"丈夫答道："小人说的。""拉出去打十大板！""大老爷，小人冤枉！""噢，冤枉？再加十大板！"打后回来，县官问："三七二十几？打得冤不冤？"丈夫回答："小人不知错在哪里，请大老爷明鉴。"县官咳了一声说道："看上去你像个明白人，其实你太糊涂，你老婆不识数，还跟她争什么！"丈夫恍然大悟。县官接着问："打得冤吗？""不冤。""谁错了？""我错了！"丈夫连忙回答。"回家过日子去吧！和不明白的人争论没有必要，还是糊涂一点、宽容一点吧！这样更为适宜。"

"忍痛不明言，扯邪更腻，莫若坦相叙"的意思是夫妻间有别扭事时女方往往解不开心里疙瘩，不直说，不沟通，常找别的碴儿发泄：比如说话倔了，没有笑容了，衣服脏了也不洗，下班不回家等，有人称此为

“扯邪皮”，结果往往惹来更多烦恼。其实，如果有话直说，通过沟通与交流真的可以大事化小，小事化了。

一位妻子给丈夫洗衣服时发现了一张丈夫和另外一位女性的合照，顿时怒气冲天。丈夫下班后，她说话难听，丈夫不知所措。一连几天，妻子总是心情不舒畅，无端发火，而丈夫则表现得非常有涵养，他一直哄着妻子想问个究竟：“你以往是很温柔的，现在却突然一反常态，一定有什么原因，能告诉我吗？”丈夫小心谨慎地问道。妻子恼怒地拿出了那张照片，丈夫接过来一看才恍然大悟：原来是自己和单位的客户在业务活动期间照的相，当时客户给他一张，他就随手放在衣服口袋里了。其实没有什么大不了的事，丈夫如果早说，或者妻子早问一下，也就不会造成夫妻间的不愉快了。夫妻之间的经常性沟通是促进良性循环的重要环节，对避免猜疑与误解是尤为必要的。

“临婚娶，二老深沉探秘”这句讲的是香港一位富商的故事。他膝下有三子，长子结婚前，二老询问他：“你婚后怎样孝敬父母？”长子表示：“原来怎样，婚后仍然怎样。”老夫妻听后没有把他留在身边。次子结婚前，二老又问道：“你将来怎样孝敬父母？”次子答道：“我不但自己孝敬父母，让媳妇也同样孝敬父母。”二老同样没有把他留在身边。三了结婚前，二老依然又问："你将来怎样孝敬父母？"三子果然聪慧，他调皮幽默地说道："我怎样对待儿女就怎样对待父母。"老夫妻点头微笑，决定把三儿子留在身边。意思是儿女孝敬父母如果能像父母对待儿女一样那就太了不起了。

"再婚团聚各异，姻缘欠美随它去，解冻妙方专利"是说在某些人群中有一股"离婚热"，他们认为离婚是一种新潮，其实再婚也未见得幸福。我见过许多再婚的中年人，他们的身体可以走到一起，然而心灵则未必。俗话说"同床异梦"讲的就是这个道理。许多离过婚的人觉得还是不离婚更好，许多再婚的人觉得还是原配更好。我认为，在离婚这个问题上，应当三思而后行，更加慎重为好。一般婚姻多可归纳为三种情况：一是缘合婚，即因有缘而走到一起，这种婚姻是比较幸福的；二是怨合婚，即不满意而又被逼无奈走到一起的，其特点是婚后经常吵架，双方多有怨恨，这种婚姻是比较痛苦的；三是凑合婚，即合伙过日子，就像互助组、合作社，这种婚姻数量较多。其特点是二人彼此支撑，又相互依赖，双方不觉得幸福又不愿离开。总之，情感婚姻有些欠缺也是正常的，即完美不是婚姻。很多夫妻闹了矛盾，发生了冷战，过几日又觉得没有必要，想挽回这一局面，而又不愿意主动。其实没有必要，夫妻之间没有主、被动之分。

我曾给一位中年女性出过很成功的主意。这位妻子和丈夫彼此赌气，互不说话，几天后不愿意再继续冷战下去了。按照我的策划，她上班前留下了一张字条，上面写着“其实我最爱吃你做的饭”，落款是“你的爱人”。晚上回来后，她的丈夫把饭菜都做好了。其实没有什么大不了的事，夫妻之间吵完就完事，谁也不会总记着。

“平安乐，贪祸己，空虚饱暖生淫欲”这句的意思即平安是福。我曾看到一个玉做的摆件，上面雕刻着两个鹌鹑和两个苹果，寓意是平平安安。人生能够平安就是最大的快乐，比起大富大贵、惹祸上身强得多。“贪祸己”是说对于很多贪婪的人而言，很多祸端容易惹到自己身上，他们其实过得并不幸福。“空虚饱暖生淫欲”就是告诉人们一个道理，即无事生非、无事可做的人很容易心生邪念。因此人生要有目标追求，努力奋斗才是快乐的。

“择妻择婿，禁忌貌当先”的意思是男儿择妻、女儿择婿怎样选择是幸福的，即按照“德、才、貌”顺序选择则多为和睦，按照“貌、才、德”顺序选择就多数烦恼。以貌取人的婚姻是不可取的。

“家庭戏剧，导演调情趣。”是说家庭好比一台戏，作为演员应该努力扮演好自己的角色，作为导演更要学会调动每一位家庭成员的情感。俗话说“家有千口，主事一人”有一定的道理，一个家庭要有主事的人，而主事的人也应尽量做到公平、公正，遇事考虑周全。

综上所述，掌握了“家事答疑”一词的主要内容，就容易对处理家务事做到得心应手。

家庭还有一个很重要的问题，即怎样培养子女成人、成才，这个问题在父母心中往往是最重要的。针对这一问题，我撰写了一首《莫强求》，内容如下：

> 允观父母心肠，全然望子出才干。三级大脑，如源禀赋，更难质变。虎喜狼欢，羊非受纳，切勿强贯。对簧谋善诱。激发历练，勤调位，方成现。
>
> 前卫颇需四点，愈人熟，礼仪相见。水益常修，油刁必唾，当决立断。讲真诚创业，情通志取，虑当完善。

“允观父母心肠，全然望子出才干。三级大脑，如源禀赋，更难质变”的意思是天下父母都望子成龙、望女成凤。真的有这么多龙、凤吗？其实未必，大部分父母都属于强求。我认为人的大脑大概可分为三个等级：一级大脑，一教就会；二级大脑，一打就会；三级大脑，即便打骂也不会。如果想弥补这些先天不足也可以，通过后天努力可以改变一部分，但从根本上改变则有一定难度，强求是不行的。如二级大脑通过勤奋努力可以向一级大脑靠拢。如果先天条件较差，就没有必要强求，如果非要强求，对孩子、家长都是一种苦恼。

“虎喜狼欢，羊非受纳，切勿强贯。对簧谋善诱。激发历练，勤调位，方成现”的意思是老虎和狼喜欢吃肉，羊喜欢吃草，要彼此交换是很困难的。能力较差的孩子好比是羊喜欢吃草，非要让他吃肉会引起消化不良的，那样给他带来的只是苦恼；能力较强的孩子则好比虎狼爱吃肉，你让它吃草也是不可能的。“狼到天边吃肉，羊到天边吃草”说的就是这个道理。人群中有的人适宜管理，组织能力强；有的适宜研究专业技术，逻辑或形象思维好；有的适宜干活，动手能力强。对于学生来说，如果性格、特长不一样，按照一种模式来硬性地去要求，在某种程度上可以说是强求。关于这个问题有一副对联是这样写的：上联“有力不出，扬鞭促动行为变”，下联“无能懦弱，启怒添烦惹气生”，横批是“当学自控”。

“前卫颇需四点，愈人熟，礼仪相见”是说如果这个人是干活的料，学会不多事、不惹事、不误事即可；如果是一个管理人才，或者在领导身边工作的人员，就应当眼神活、反应快、心绪稳、表达准。培养孩子时高学历不如高能力更有用，有这四句话讲得好：“选择比努力更重要，情商比智商更重要，能力比学历更重要，健康比成绩更重要。”这几句指出了培养孩子的主要思路。现在独生子女比较多，他们大多在家里娇生惯养，在待人接物方面相对较差。其实越是熟人，越要讲究必要的礼仪。

我曾接待过一位做婆母的，她和儿媳同住。这位泼辣的儿媳总是好话歹说，即开口总带脏字，老人听不惯就提醒了她几次，她表示接受，但又总是难改。这位老人为此事经常烦恼，于是带着这个问题到我的诊所咨询。我开导了她一番，老人表示明白这些道理，但难以接受这个现实，我只有帮助她化解实际问题。我首先问她：“您家里有录音机吗？”她说有，还是双卡的。我建议她放进一盘空白录音带，每当儿媳说脏话时，将录音键按下，积少成多地将录音连在一起，闲暇时放出来听。儿媳往往说时无意，也不知脏话难听，真的放录音让她听到，她也会觉得不光彩。我又帮老人具体策划了一番，遇到何种情况应当怎样对答，回去她就这样做了。儿媳听到录音后连忙问婆母：“您这放的是什么？太难听了！”婆母笑着答道：“邓丽君的演唱可没这个味道。”儿媳又仔细听了一会儿叫道：“听着怎么像我说话呢？您快别放了，这多难听呀！我平时说话自己也不觉得，您这一放录音我才知道，简直太难听了。”“挺好听的，比邓丽君的歌好听多了。”婆母打趣地说。“您快别寒碜我了。”此后，儿媳特别注意谈吐。这件事说明了处理家务事也要动点智慧、讲点方法。

应当先有一个学习的过程，知道自己干什么，先到有关部门学习和实践，成为内行后再去开拓业务，这样比单靠胆量做事要少走弯路。平衡吸引在开拓业务中非常重要，即找到互惠互利点，构成相互吸引。这些吸引往往通过交换才能实现，前面讲过“三平衡、四交换、五吸引”，这些对于开拓业务、促进发展是很有帮助的。我认为，人应当向水学习。把水放到方柱形的容器中时它是方柱体，放在圆柱形的容器里它则是圆柱体，这就是适应能力。另外，水的包容能力也很强，无论向水里放什么，它都能够接受、包容。水滴石穿是它的另一特点，虽然水很柔软，但是能把坚硬的石头给穿透，这说明了以柔克刚的深刻道理。水还有一个优点，就是能够捕捉任何一个细小的机遇，有人说它“无孔不入”，其实不如理解为会捕捉机遇。我认为油的品性不好，它不容易与其他物体融合，特别是热的时候，加什么它都四溅排斥，因此油的品性应当予以摒弃。想开拓一番事业，不仅要抛弃油的品性而向水学习，还必须以真诚为本、信誉为先、情商开道、智慧取胜。方法总比困难多，考虑问题应尽量做到变角度、换方法，能够综合思考的人意味着已经走向成熟。我常说的成功与成熟既有相同的一面，也有不同的一面，成功者未必成熟，成熟者未必成功，多数成功者先成熟或者在成功中走向成熟。追求的标准不是一朝一夕就可以实现的，往往是生命不息，奋斗不止。有的通过努力成功了，有的则没有成功。我认为，成功了皆大欢喜，不成功也要想得开，保持一种乐观的心态，只要参与了就没有遗憾。我还认为，心态平和，待人谦和是处理好家庭关系、成就事业的基本保证。因此，我以“平和”为题，用“知足常乐、能忍自安”藏头写了一首七言律诗，内容如下：

知情探理讲沟通，足矣无求多启蒙。

长久周旋方耗体，乐极逆反起忧情。

能劳任作平心静，忍退归临品康宁。

自在休闲培雅兴，安然普济度人生。

为青年人答疑解惑

为青年人咨询策划主要是为他们当顾问、做挚友。青年人的特点是热情、直爽，考虑问题的方法较为简单，因此，必须站在他们的立场上为他们排忧解惑。青年人的问题主要是如何选择、如何努力，要为他们排除幻想，排解发展中可能出现的困惑。

投资要点

一位青年想投资开办一家印刷厂，感到心里没底，想听听我的建议。我认为青年人想创业就应当给予鼓励。考虑问题不周全往往是他们的问题所在。因此，咨询策划人员应当帮助他们找出问题，不断完善，促进成功，但不能代替包办，只能引导他们逐步进行科学的思考。我针对他的问题提出了三个字，告诉他如果符合这三个字，投资就可以成功，如果一字不符，肯定没有希望，如果符合两个字还可以拼搏一下。他急切地问是哪三个字，我告诉他是“懂、通、和”，即：投资的项目你懂不懂，是内行还是外行；还有供销渠道是否通畅，有无主动；最后是合作者能否靠得住。“懂、通、和”则事业胜，“不懂、不通、不和”则事业败。了解三字经营观及发展思路后，他也就心中有底而不再犹豫不决了。

加深印象

有一位青年在谈恋爱时，恰好女友的哥哥要结婚，女友的父亲过60岁生日，男青年想在女友家落一个“有能力、会办事”的名声，而面对这两件事又缺乏相关经验，特来我的诊所咨询。经过交谈，我为他出了两个主意：一是面对婚礼既要让他们感到有水平，又要给他们留下深刻的印象，可以写一副对联，到文化街找书法家书写裱好后挂到新房里，这样能为新房增添光彩，增强文化气息的同时也显示出自己的才华。应他的请求，我为他撰写了一副对联，上下联是“爱慕传情，终成眷属花烛夜；春桃盛放，蜜语交融快意浓”。横批是“新婚贺喜”；二是面对寿辰，建议找书法家写一个大的“寿”字镶到镜框里挂到未来岳父的房间里，这样他会格外高兴，祝寿者也会刮目相看。这位年轻人最后感到非常满意，高兴地说：“下次有事还来找谢大夫请教。”

婚前咨询

有些青年结婚前到我的诊所咨询，请我讲一讲婚前、婚后的注意事项，特别是“情感与性感”调试的经验与方法，我在讲解后还为他们写一首短词。其中一首《如梦令》是这样写的：

主见亲和坦荡，恋有激情豪放。委婉动心弦，两点“双调”提倡。相敬，相让，爱意十相时尚。

意思是夫妻要有主见、亲和能力和坦荡胸怀，特别是丈夫。在爱情过程中应充满激情，有时直爽好，有时委婉更好，能扣动心弦、引起互动则更为美妙。在平凡的生活中现实一点、浪漫一点。“双调”指情感调试和性感调试，相敬相让是爱不减礼的重要环节。“十相”指创立10种情感，即相识、相知、相亲、相近、相依、相随、相助、相撑、相容、相爱10种情感。这首词后来流传开来，有的新人记在本子上，有的则写好放在书桌玻璃板底下，也有的请书法家写好镶到镜框里，都以各自不同的方式作为他们的婚情指南。

事业起步

一位中专文化男青年的父母给了他一家小型企业，青年人缺乏管理经验，他的父母采取了“扶上马送一程”的方法，果然奏效。青年人为了实现更高目标，经常带着问题前来我的诊所咨询。我为他讲解了生产管理与人员管理的诸多经验。后来他要求我写几句话作为他的参考建议，我再三思考后写了一首七言律诗，题目是《为起步青年题写》，内容如下：

勤出聪慧累成才，“三力”、“五思”功自来。
互补公关撑跨越，亲和主见解徘徊。
粗心自懦难随意，捷径独出领战牌。
讲做相间勤应变，投身创业顶兴衰。

前两句“勤出聪慧累成才，‘三力’、‘五思’功自来”的意思是勤奋出智慧，积累出天才。通过历练增长三种能力，即计划能力、协调能力、执行能力。在应用这三种能力的过程中，逐渐养成五种思考，也叫五种思路：一是主动思路，即把握主动，学会分析共性与个性、一般与特殊、主要与次要、主观与客观、内因与外因等多种关系；二是灵活思路，即办事中学会灵活迂回，做到不乞求、不破裂、有理有利有节；三是原则思路，即万变不离其宗，不管怎样灵活迂回，原则不能丢；四是认真思路，一个人没有“认真”二字，任何成功都无从谈起；五是保护思路，即保护与自我保护。

三、四句“互补公关撑跨越，亲和主见解徘徊”的意思是跑业务、做公关首先要做到互惠、互利、互补，建立起互相支撑、互助依赖的关系，不能只考虑自己。开明的企业家总是先考虑他人和共同利益。亲和能力至关重要，首先是语言亲和，其次是行为亲和，给人以信任感，这是先决条件。主见也很重要，为什么人会犹豫不决？就是因为没主见，如果有了主见，犹豫、徘徊也就大大减少了。主见是怎样建立的呢？需要不断地学习、接受历练、总结经验。

五、六句“粗心自懦难随意，捷径独出领战牌”意指在事业发展过程中，最忌讳的有两点：一是粗心，二是懦弱。粗心与懦弱是事业的大敌，是影响事业发展的克星，有此缺点的人应当设法克服。诗中说的“捷径”主要是少走弯路、发展特色，要想实现事业上的成功，不仅要有拼搏精神，还必须培养亲和力，这对于业务人员、管理人员有着重要作用。

最后两句“讲做相间勤应变，投身创业顶兴衰”是指只会做不行，还要会表达。语言也是一种能力，发挥好了作用巨大，所谓的灵活应变都是通过思考、语言和行为的密切配合而完成的。当今社会需要的是复合型人才，不仅会做，还要能够与人沟通，开拓新途径，因此需要不断提高文化水平和交际能力，在创业、守业的过程中还应具备承受能力，成为一名企业家也不是一件很容易的事，在成功与挫折面前都应保持清醒的头脑。

个性选择

有一位大学高才生，其父母都是局级干部，他不愿意倚仗父母的权力谋求仕途，因为他认为那样做并不能说明自己有能力，而应该靠自己的智慧来寻找新机遇。父母由于不理解而十分着急，认为孩子刚出校门能有什么本领。父子二人由于话不投机，儿子最后竟然说出了这样的话："你们手中有国家给的权力可以说大话，如果撤了职务后把你们放到社会上，我看你们未必能行。"他还说自己年轻有精力，选择一门专业再加上自己的外语水平，通过努力走出一条新路并不是没有可能，以后等时机成熟再考公务员也许会更好。由于家长与孩子看法不同，于是他们都前来我的诊所寻求帮助，家长的目的是说服孩子。其实我对这位青年非常佩服，面对他们的问题首先肯定家长是出于好意，同时赞扬做儿子的很有志向，我采用了"妥协迂回法"使他们达成了共识。先让孩子踏入社会历练两年，如果不行再服从父母的安排。此刻青年兴致勃勃，我应他的要求为他写了一首七言律诗，题目也是《为有志青年题写》，内容如下：

风华胆略赏深层，展示才能人际通。
大海遨游登险境，八方探索领风骚。
逢源左右三和省，辗转东西五妒惊。
努力选择何重要，赢得成效审言行。

前两句“风华胆略赏深层，展示才能人际通”的意思是一个人的风华胆略不能只看表面，还要审视他的深刻内涵，不管有多大的个人能力，没有一定的人际关系也是万万不行的。

三、四句“大海遨游登险境，八方探索领风骚”的意思是可以到大海中任意遨游，不惧风险地进行必要的探索，作为青年人也是可以尝试的。

五、六句“逢源左右三和省，辗转东西五妒惊”是说在上下级面前要保持平和的心态、谦和的语言和亲和的作风。不管做哪种工作，在何种环境中，通情达理是工作水平的鉴定标准之一。在一起工作的人难免怀有嫉妒之心。嫉妒大致有 5 种表现形式：一是大度嫉妒，即看到对方有成绩，比自己强，难免产生嫉妒之心，但是有理智、有度量，能够正确对待。对这种类型的人应当与他搞好关系，并经常向他请教。二是取笑嫉妒，即冷嘲热讽、煽动是非、取笑打诨以发泄内心的嫉妒。这种人其实没有什么作为，只是看到别人有成绩后自己感到不舒服。面对这种取笑嫉妒者，反而需要大度，给予谅解。三是贬低嫉妒，即以贬低对方表现为特点。比如你有了成绩，他心里不舒服，感到嫉妒，不能客观地看待问题，只是一味贬低。面对这种人应“敬”字当先，因为他只是贬低，并没有破坏行为。四是败坏嫉妒，看到对方的成绩比自己强，心里不舒服，想方设法进行破坏、制造事端。面对这种人应当加以提防。五是为提高自己而表现的嫉妒，即对方的成绩比自己强，想追也追不上，为提高自己而有意破坏对方。面对这种人，只有体谅一点、宽容一点。我在此建议：到了新单位先不要急于表现，一定要搞好人际关系，给领导与周围人留下一个良好印象，切忌急功近利。在工作中还应当掌握必要的方法，比如会妥协、帮人、求人、用人。总之，不要树立对立面，不要形成死角。

最后两句“努力选择何重要，赢得成效审言行”的意思是面对复杂的人生，选择和努力哪一个更重要？有人说努力重要，其实不然，方向没选对的话越努力不就越错吗？因此，选择比努力更重要。通过一段时间赢得成效，用所做出的成绩兑现自己的承诺，并继续正确地走下去，有欠缺的地方要及时调整。

这位青年非常高兴地把这首诗带走了。他首先到一家旅行社工作，由于精通外语便经常带团出国，受到国外旅行社的赞誉，同时也获得领导的好评。有的旅行社愿意高薪聘他，他都婉言谢绝，因为他认为这是过程而不是目的，自己又有了更高的追求。

恋爱难点

青年人的咨询策划往往表现得较为具体，为他们咨询策划既要有宏观指导，又要有具体办法和措施。

有一位教师的儿子工作突出、人品良好，但就是不会谈恋爱，大家评价他为“暖男”——外冷内热，他的母亲请我为自己的儿子讲解怎样谈恋爱。这位男孩已年过三十，具有半传统、半现代的性格，我首先了解他恋爱时遇到的是哪些问题，他感到不了解异性。比如谈恋爱时路过一家食品店，女孩走了进去，拿了几包零食，男孩主动付了钱。本来这是顺理成章的事，不料女孩却表现出不悦：“我不用你交钱，我又不是买不起。”结果下一次又路过食品店，女孩同样拿了几包零食，男孩就袖手旁观，又不料出门后女孩仍然满脸不悦，嘲笑道：“财迷样，看把你吓的！”又有一次两人一起在公园长椅上坐着聊天，男孩坐得稍微近了一点，女孩提出：“不要这样近，离我远点。”当坐得距离稍远时，女孩又挑剔道："我身上有什么，你躲我这么远？"结果这位男孩不知如何是好。针对他的问题，我首先为他讲述了什么是妻子，怎样懂得妻子、驾驭妻子、得到妻子芳心，然后讲解了谈恋爱的有关技巧，最后针对以上讲的两个问题加以简单分析。她买了零食，你交了钱，她表现出不高兴，可能不是出于本心，也许说的是反话，绝对不会是反感。她挑剔了，可以加以调整，再遇到类似问题选择躲避也不好，可以改变方法如说"我这里有零钱"，她执意不肯要的话也就罢了；或将钱包递过去说"用我这个"，即使她不会使用也会觉得你很有心，很会办事。再如，两人坐着交谈，作为男性不要随便夸奖面前走过的任何一位异性，让她感觉到你只在单独欣赏她一人。坐近了一些时，她提出异议，这时则可以表现出幽默："为了给你一份温暖"，或者"为了保护你"等。坐得疏远些时，她显得挑剔，这时仍然要表现出幽默："正在欣赏你，距离产生美嘛！"总之，必要的幽默可以化解彼此间的尴尬。我接着又为他讲述了女性心理、情感的特点。一年后，他打来电话邀请我参加他的婚礼。

总之，为青年人咨询策划，个性差别尤为显著，这就给咨询策划人员提出了更高的要求。

电合讲座答疑

20多年来，受天津人民广播电台、经济台、新闻台、文艺台、交通台、生活台等16个栏目邀请，我做客直播间200多次讲解医疗、健康、推拿、心理、爱情、性学、工作经验、家庭问题、人生感悟、个人爱好等话题，并解答听众提出的各种问题，与多省市听众形成了广泛的交流网络，现将主要内容简述如下：

夜讲悄悄话

1997～2002年，我应天津电台“夜讲悄悄话”栏目邀请，多次走进直播间讲解爱情、性学。人生旅途中得遇知己、知音实属不易，得到者令人羡慕。男女间择偶有的重外貌、品德，也有的重才能、财富。由于择友观的差别很大，各有不同，因此流传了许多口头禅，比如：有事干，有创收，孩子老婆热炕头。又如：丑妻家中宝，俊妻惹烦恼，在外不放心，在家有人找。更有：个子矮不是距离，年龄大不是问题，感情可以培养，只要有钱就考虑。如此种种，各执一词，众说纷纭。这些都反映了各种人群的心理状态。后羿嫦娥的爱情故事给人以启示，猴子观太平的单相思爱情不能成就美好姻缘。一旦找到了自己满意的伴侣，就应当珍惜她（他）、呵护她（他），在任何情况下也不要失去她（他）。

1997 年 4 月 12 日，我应该栏目邀请走进直播间为听众讲解“事业有益进取，家庭增进和谐”。内容涉及诸多方面，应听众要求，我重点讲解了如何改善夫妻生活的话题。

我提出了丈夫展“三会”妻子折服，妻子献“三绝”丈夫倾倒，许多人从中受益。

会欣赏

会欣赏就是喜欢，认为好，能领略其中的趣味。中国女性善良、聪慧，在工作和生活中不怕苦、不怕累，只怕亲近的人不理解，不懂得她存在的价值。妻子是本书，只要你领略了她的真正内涵，她就会与你结合，向你奉献温柔，让你开心。如果读而不解，你很难得到她的内心。妻子也是幅画，不仅要欣赏她优美华丽的外表，还要懂得她充盈丰富的内心。这样你才能理解她、欣赏她，从而真正获得芳心。

会调试

会调试就是要不断调整，尽力满足对方的需要。我常把妻子比作电视机，把丈夫比作遥控器，你要学会调换频道。调到温柔频道，她便会奉献全部的爱让你开心；调到易怒频道，便会一触即发，让你平添烦恼。迁就不是上策，而应学会调动妻子的情感，让彼此的感情得到不断升华。会调试的丈夫，妻子多姿多彩；不会调试的丈夫，妻子变得单一乏味。特别是交谈不协调的夫妻，更要选择没有争议的话题交流。

有人问我："夫妻之间实一点好，还是虚一点好？"我的回答是："对妻子要实，对火要虚。"妻子就像一团火。为了调节火势、激发爱情，就要给对方留有空间，否则火势不旺。值得提醒的是，不要忘记添柴，以免孤火无源，爱情之火虽燃烧而不能持久。

会表现

会表现就是巧妙地表达出来。该赞美的还要说，该表现的还要做。一个懂情感的大度丈夫，面对妻子的欠缺要慎重指责，委婉地多表扬、少批评，这也是表现的一种技巧。释放有情调、有情感的幽默火花，对调节气氛、激发情感也是大为有益的。

妻子们只要献"三绝"，什么样的丈夫都会倾倒。他会心甘情愿地关心你、宠爱你，在外不忘家，时刻想念着妻子。

甜言蜜语

意思是会说丈夫爱听而又想听的话。妻子的甜言蜜语对丈夫的心理与生理起着良好的调节作用。对于夫妻之间的感情，在许多方面如果换一种思维方式，站在对方的角度说话，不仅能促进融合、激发情感，更能增强自身个人魅力。丈夫在外忙碌了一天，工作中顺心也好，不顺心也罢，回到家后，作为爱人，妻子表现出一点迎合，茶余饭后来几句甜言蜜语对双方情感升华至关重要。

风趣顽皮

家庭中妻子在丈夫面前来一点小挑逗，耍一点小脾气，使对方开心是极为有益的。妻子借闲暇之际有意识地表现出风趣顽皮，不仅可以调节情绪、活跃气氛，还会坚定丈夫的意志，从而增进好感，使双方情感得到升华。

撒娇耍赖

撒娇耍赖对于夫妻感情有一定的调节作用。共享欢乐之时，疼爱自己丈夫的妻子撒一点小娇，耍一点小赖，显得更有情趣和味道。有的妻子说“我不会”，我的回答是“可以学”。在亲近之人的宠爱中，为了让爱的火花释放得更加艳丽，有意无意的撒娇耍赖也是促进夫妻感情升华的良方。

婚姻生活在很大程度上就是奉献，奉献得越多，爱情之巢就越发牢固。丈夫施“三会”是为了妻子，妻子献“三绝”也是为了丈夫。两个人的身心相通，生活才有滋有味。

1998年4月14日，我再次应该栏目邀请做客直播间，为听众讲解“夫妻情感如何保鲜”。在改革开放的今天，面对市场经济的大潮，人们对情感、婚姻的观念发生着很大的变化。夫妻间如何相处、相爱对稳定家庭和婚姻的作用是不可忽视的。

我讲的“男作‘三比’化聪慧”，作为妻子不可忽视。

丈夫好比一条船

妻子都希望自己的丈夫有所作为，能在大海中乘风破浪。而妻子自己并不想下海，仅站在岸上观望。妻子忘了一个很重要的问题，那就是船虽然乘风破浪了，但距离海岸也越来越远。这时，妻子又说：“他变心了，离我距离远了。”实际上，这不能完全怨丈夫，妻子不应袖手旁观，而应在丈夫困难时与他同舟共济。

丈夫好比一棵树

许多女人在谈恋爱的时候，希望找一个特别疼爱自己的生活型、情感型的人。结婚以后，有些妻子又希望自己的丈夫成为事业型的人。即她原来选择的是一棵小柳树，现在却又想让丈夫成为一棵大云松。当丈夫做不到时她就不满意，说丈夫没有本事，自己选错人了。其实这不是丈夫的过错，而问题恰恰出在妻子身上。既然当初选择的是一棵柳树苗，做个菜墩就很不错了，非得让其成为大云松，一方面是强人所难，另一方面是自找烦恼。

丈夫好比一捆柴

“柴”蕴含着充足的能量。可生活中的柴会有干一些的，也有湿一些的。人也一样，有性格外向的，也有性格内向的。有些妻子总希望婚后双方情感经常碰撞出火花，一旦达不到心中所想就会为此烦恼。要知道，生活中很多事情都不可操之过急。既然丈夫好比一捆柴，就是潮湿一点也没有关系，应允许有个烘干、晾晒的过程，有个等待、培养的时间。只要双方相互理解、关爱，迟早能碰撞出更多的情感火花。

我讲的“女当‘三不’自升华”对夫妻情感保鲜至关重要。

不斗气

处理家庭问题和夫妻关系，最重要的一条就是不斗气。

我有一位朋友开了一家很大的公司，每天特别忙，常常夜不归宿。妻子带着三岁的孩子，尽管有花不完的钱，却还是很烦恼，她总是怀疑丈夫有外遇，并经常为此吵架。她找我咨询，听她诉说完自己的苦衷后，我对她说："你没有亲眼看到他有外遇就不要胡乱猜疑，丈夫需要你的信任。你首先要明白他为什么夜不归宿，是忙还是另有原因。如果单纯因为忙，你要主动关怀他，切不可斗气。另外，你家里经济条件好，可以雇一个保姆帮你带孩子，这样你就可以腾出时间多关心照顾自己的丈夫，还可以煲些汤带到公司里给员工们喝。如果公司里的人对你表示欢迎，那么表明你丈夫在外边没有外遇。如果情况相反，你一去大家都显得很惊恐，议论纷纷，那就可能有问题，你就要另行打算。"于是她按我说的去做了，经常熬些汤或做些好吃的拿到公司。偶尔一两次没去，公司的人就会打来电话嘘寒问暖。将心比心的结果是：公司的人会因她不去而想念她，丈夫也更关心、体贴她了。妻子也感到自己以前太多疑了，心情随之愉悦起来。

不自弃

妻子在遇到问题时，千万不要自暴自弃，而应充满信心，勇敢面对。

有一位丈夫原来只是一般干部，妻子是会计，日子过得还算美满。后来丈夫事业发展得很快，步步高升。我认为这是好事，可她感到自卑，总有一种压抑感，常常因此感到烦恼。有一次丈夫犯了腰病来找我治疗，妻子一同前来，二人话不投机就吵了起来。我先把丈夫劝走，然后与妻子进行了交谈，对她讲不能悲观，要不断提升自己。我为她策划了一番，使其豁然开朗。当晚她就上演了一出好戏，将菜洗净切好，并鼓励儿子说他爱吃爸爸炒的菜，儿子这样一说，爸爸的积极性也上来了。菜是准备好的，往锅里一放炒炒就行，不用多长时间，菜就炒好了，妻子、儿子都说菜炒得好吃。以后便经常如此，只要丈夫在家，让他炒菜就如同家常便饭，他也有一种成就感。每天下班，丈夫都盼望着快点回家，这样既为妻子分担了家务，又增强了家庭责任感。这位妻子从此摆脱了自卑心理，既和睦了夫妻关系，又稳定了家庭，个人和家庭生活都得到了升华。

不小气

不小气是指度量要大。某公司经理给秘书定的工资在全公司最高，经理的妻子也在公司工作，能力也很强，但工资却低于秘书。妻子有些想不通，对丈夫说："我的能力哪一点比她差？"丈夫心平气和地对妻子说："这个秘书和你一样德才兼备，都是不可多得的人才，我给她定一级工资，她会认为我很器重她，从而在这里安心工作，不轻易跳槽。而你是我妻子，即使不给你工资，你也会很好地工作。我这样做对公司有利，对留住人才有利。”她听了丈夫的话后恍然大悟。由此可见，在婚姻生活中，妻子要用智慧经营自己的幸福，使个人境界不断得到提升。

一个人的青年到中年往往比较好过，但中年进入老年却不易过渡。特别是对于妻子而言，更年期非常需要亲人的呵护。2001 年 3 月一个周六的晚上，我应“夜讲悄悄话”栏目邀请，做客直播间为听众讲解“妻子更年期时丈夫怎么办”专题。

妇女更年期是女性步入老年的过渡时期。一般说来，多数女性在 50 岁左右绝经。女性在绝经前后，由于卵巢功能衰退，内分泌功能失调，植物神经系统紊乱，进而出现一系列与绝经有关的、不同程度的心理和生理症状，医学上称之为更年期综合征。

进入更年期的女性可出现生理与心理方面的诸多变化，如容易激动、情绪不稳等。这些症状的出现往往与工作不顺利、环境不称心、家庭不和睦等因素有关。此外，还会出现一些病症，如阵发性潮热、畏寒心悸、胸闷气短、多汗眩晕，以及血压不稳等。在这段时期，丈夫应给予妻子更多的关怀，否则夫妻间常会出现许多矛盾。针对这些情况，我做了广泛的调查研究，归纳总结出以下两点：在心理上丈夫应该帮助妻子调节情绪、善待妻子；在生理上则应采取保健按摩方式，这样可以让妻子安然渡过更年期。

妻子在更年期时有没有心理关怀和生理保健，结果往往是不一样的。妻子在这一时期如果得到丈夫的关心，身体获得适宜的保健，更年期就会很快顺利过去。反之，在这段时期，如果丈夫与妻子过多争吵，加重更年期出现的各种症状，那么会使双方后半辈子的生活充满烦恼。因此，作为丈夫，应该特别重视妻子的这段时期。

从生理上讲，妻子在一生中会出现两个危难时期：一是怀孕期。在此期间，丈夫的关心至关重要，这对夫妻今后的婚姻将产生很大影响，如果做好了会大有益处。二是更年期。它是妻子的关键时期，在这一时期妻子非常需要得到丈夫的关怀和体谅。在此期间，妻子可能出现肾阴虚、肝火旺、阴阳失调，因此容易疑心重、爱发脾气、表现急躁。作为丈夫，以前爱着妻子的优点，如今就要包容妻子的缺点。因为这是她一生中的非常时期，跟家人相处容易出现烦躁、发怒，特别是在丈夫面前经常表现出无理取闹，而这时丈夫需要多加容忍，耐心劝慰。

通过实践，我深深体会到，在妻子更年期时，丈夫应该从内心多多关怀、善待妻子，让妻子安然渡过这段时期，这样对妻子和其他家庭成员都大有好处，丈夫应该努力去做。

讲授按摩术

多年来，我在天津电台的16个栏目中多次讲保健、健康、如何防病养生，特别是1999年天津人民广播电台开办了“保健按摩”专题讲座，每周两次，共计100期，由我主讲，内容涉及10种保健按摩术，针对不同的人群讲授了60余种按摩方法，现简述如下：

1. 身体各部保健按摩法。主要内容：“心脑保健”“颈肩保健”“脾胃保健”“腰腿保健”“背部保健”等具体操作手法。

2. 身心保健按摩法。主要内容：“息怒除烦”“解除疲劳”“宣泄按摩”“放松身心”“解除亚健康”“化解考前紧张情绪”等具体操作手法。

3. 美容减肥按摩法。主要内容：“面部防皱护肤”“眼部健美”“头发健美”“乳房健美”“手部健美”“腹部减肥”“腰臀减肥”“腿部健美”“简易点穴养颜”“巧用厨房食材”“增高按摩”等具体操作手法。

4. 家庭日常保健法。主要内容：“按摩止头痛”“按摩止肩痛”“按摩止膝痛”“按摩止坐骨神经痛”“按摩止胃痛”“按摩缓解贲门痉挛”“按摩治疗胆结石”“敲摩入静术”等具体操作手法。

5. 自我保健按摩法。主要内容：“自我按摩八要位”“自我点穴强身术”“睡前保健”“开胃健脾”“睡前自我催眠”“小腿不安症”“促进男子性功能的自我保健”等具体操作手法。

6. 按摩在体育运动中的保健作用。主要内容：“自我按摩”“被动按摩”等具体操作手法。

7. 按摩在旅游中的应用。主要内容：“改善晕船、晕车”“缓解软组织损伤”“改善水土不服”“解除旅游疲劳”等具体操作手法。

8. 养生与保健功法。主要内容：“悬掌养生”“长扇十八打”“拍击健身八法”“饭后茶余抗衰老”“顺动强身十八法”“长寿功”“反向平衡运动”“温浴足踝”等具体操作手法。

9. 夫妻睡前保健按摩。主要内容：“女性更年期综合征”“解除疲劳，唤起性欲”“恢复丈夫精力，增强妻子魅力”“男性更年期综合征”“夫妻间常捶背”等具体操作手法。

10. 难症关爱舒适按摩法。主要内容："糖尿病""支气管哮喘""高血压""冠心病""半身不遂"等具体操作手法。

在整个讲授过程中，我多次强调按摩时应注意的有关事项，施术时安全第一，防止意外，一定要柔和，给对方舒适之感，禁止暴力操作，否则效果不佳。对于保健按摩，要连续性施术，持之以恒才能见效。

从 1993 年至今，我还多次应天津电台邀请在"健康热线"等栏目中介绍"医疗按摩为什么能治病——怎样运用医疗按摩法改变人体的病理变化"，"保健按摩为什么能防病——怎样才能加强人体的生理功能"。我举出了实际案例，继承发扬了祖国医学。在讲座中无数次地解答各地听众提出的各项问题，同时接到了许多致谢电话，其中素未谋面的学生有多达 500 多人。我为此深感欣慰，特写了一首《临江仙·抒怀》：

讲座悄悄划夜静，性潮调术增情。三绝三会有风行。万人询解惑，新作有雏形。

讲座百期传大众，推拿技艺盛兴。十八省市有聆听。千家多受益，各地有学生。

要借火生辉

借火生辉、顺水行舟就是残健结合、借力发力，为残疾人融入社会创造更大的可能性。自律、有序、坚持、严格是做人、做事的基本要求。1995 年，《天津青年报》记者到我的诊所采访时问我："您信命吗?"我的回答是："信命但不从命，用辛勤创造一个新我。青年时一位《易经》学者为我推演命局，说我属火命但五行缺火，因此我采用了'借火生辉法'补救欠缺，即请助理帮助学习、协助工作，感到收获良多。"之后这位记者以"奇人谢玉秋"为题写成文章，并刊登在 1995 年 3 月 14 日的《天津青年报》上。

我借助无数双明亮的眼睛和无数张流利的口齿读了无数的书。我数十年如一日地读书，并根据自身条件积累了一套录音读书、快速读书、直接与间接读书的丰富经验。1997 年 5 月 24 日，我在天津电台"读书热线"栏目中曾详细地介绍了自己读书、学习的经验，以及在读书中如何采用自创的三种学习法，即绝对背熟、必须掌握、一般了解。

1997 年 9 月 6 日，我再次应天津电台"读书热线"栏目邀请，做客直播间详细讲解了"视障者如何写作的有关经验"。众所周知，明眼人写作尚且艰难，视障者更是难上加难。我先用盲文写成书稿，再逐字逐句地读出，由助理写成汉文。一本盲文书的初稿加上修改后的定稿摞起来可达一米多高。我在写作中由助理协助查找资料、抄写打印、校对文字以及排版等等。这些给我带来了极大方便，请助理借火生辉也是我写作的主要经验之一。

找我看病的人很多，几乎每天都是应接不暇。助理会协助划卡、阅片、办理各种手续，并协助签字售书和接待来访。有一天来了一位气质高雅的中年女性，在接受我治疗时她问东问西，显得兴致勃勃，后来她写了一篇以“神奇的医术”为题的文章，在上海的《竞技与健美》杂志上发表，署名“沈丽”，我才得知原来她是一位总编兼记者。真是无巧不成书，有一位法制报记者受当地市残联委托到我的诊所采访，当时我正由助理陪同在喜来登大酒店为外宾治病，闻讯赶回诊所时已到半夜，与这位记者稍作寒暄后切入主题，回答了她采访的所有问题。之后她以“盲人的骄傲”为题写成文章在《天津法制报》发表。当年元旦过后，天津电台的一位记者到我的诊所采访，有一位患者被三家大医院诊断后要求必须做手术，经我治疗后病情基本缓解，引起了她的关注。她为我做了“科学诊治，免除患者手术痛苦”的专访。该访问在2015年4月1日的“百姓故事”栏目中播出，引起了许多人的关注，同时也推动了盲人医疗按摩事业的发展。

我请助理帮助学习、协助工作，不仅有益于门诊治疗和出诊，闲暇时还可陪同去户外散步、到各大剧院听交响乐和演唱会。舞台上的精彩表演、震撼的音效，再加上肢体语言均由助理轻声讲解，我感到视力仿佛恢复。再如由助理陪同前往玉石市场，他与我配合默契，使我在挑选玉石时如同没有视障。

自1989年请助理至今，我总结了如何识人、赏人、用人的有关经验。其中将心比心是最重要的一条，相互信任、相互尊重是协同工作的必要前提。我的一位助理在日记中这样写道：“他像灯塔一样，当你迷失在茫茫大海中时能为你指引方向。他待人平和、对人亲和、为人谦和，有睿智的头脑。少年时代的一场意外夺去了原本属于他的光明，但他脑海里始终保留着关于生活、理想、事业的五彩缤纷。他的多彩人生充分地展现出敬业、执着、多才多艺和博闻强记等诸多品质。我愿意做他的‘眼睛’，在他身边工作是我的幸运。”

相互感恩、相互珍惜是我的一贯主张。我在求知过程中共有30多名专家亲自指导；在事业追求的曲折与兴衰过程中有无数人的支持；在情感追求中有亲情、友情、爱情的激励；在医术创新的特色追求中，有无数正义的各界人士支持；在各种高雅的追求中，有志趣相投的朋友陪伴；在身心健康的追求中，有无数志同道合的拥护者。在我多年的医疗工作、咨询策划、讲座著书、学习生涯、家庭生活、培育学生和子女的过程中都凝结着助理与亲友的辛勤汗水。

家庭要经营

事业固然重要，家庭更重要。事业有成但家庭破裂不算成功，家庭完整而没有事业也不算完美，要事业更要家庭是成功者的必由之路。经营家庭和驾驭事业同样需要聪明才智，家庭纷争往往没有谁对谁错之分，只有乐于接受作为准则。现将我经营家庭的主要情况介绍如下：

创造和谐

家庭是有亲人陪伴，可以随意放松、安心休息的港湾。有的人没有家，希望建立家庭；有的人有了家，却总想放弃家庭，原因在哪？大家对此往往各执一词，众说纷纭。我认为，建立家庭是正确的，家庭完整、和谐是人生成功的重要标志。我和许多人一样，也是三口之家，所不同的是我半路失明，妻子继发弱视，只有儿子拥有两只明亮的眼睛。我的儿子为人忠厚、心地善良、勤奋好学、爱岗敬业，先后毕业于中医、财经院校，是一位双学位本科生。他有14年的医疗经验，现已成为国内知名的专科医生。一家人各自努力、相互体贴，我在满足温饱需要的同时，努力追求着人生价值。妻子炒得一手好菜，负责家庭日常生活。我的家庭和和睦睦，曾被评为天津市“一级文明家庭”，市级“精神文明标兵户”，“百名好家长”之一。一家人维系亲情，体现真情，在生活与事业的历练中变得坚强、低调。在30周年结婚纪念日之际，我以“家”为题写了七绝二首：

其一：

秦晋三十镜发花，宽容体量悄升华。

协同进取勤中乐，子孝妻贤求顺达。

其二：

事业亲情同进发，相依助放杏林花。

心平语淡怡呵护，艺展心明映晚霞。

愿做义女

1995年的春天，一位女青年慕名到我的诊所求诊，她淳朴热情、待人亲和，在治疗与交谈的过程中大家彼此产生了好感，她提出愿做我的干女儿，未加思索便叫爸爸。我膝下无女，同时也喜爱女儿，但对这突如其来的变化又感到不习惯、不适应，一时间出现了难以应付的局面。我使用委婉、柔和的语言，提出先熟悉一段后由双方家属参加，举行认女仪式后再这样称呼，女青年热泪盈眶，十分激动。我的心里也很矛盾，平时喜爱女儿，真的来了却又不敢接受，这究竟是为什么？人与人之间的缘分就像上天有意安排的一样。

1996 年的秋天，同样有一位女青年由父母陪同到我的诊所就诊，女青年的父亲比我年长 10 岁，是一名高级工程师，和我说话投机、思想接近。他有三个女儿，提出让小女儿做我的义女。从此多年如一日，小女儿每个星期天到家里帮助做卫生，陪我出去散步、晒太阳，冬季降雪后陪我到公园踏雪、玩雪，我感到由衷的高兴，就像真的有了女儿一样快乐。一首七律《义女》是这样记述的：

秋红爽翠两传奇，相继登门知礼仪。
一弃一得成妙语，多容多记解难题。
和风送暖闲情逸，瑞雪驱寒净路怡。
箕帚承欢成一曲，召之千里不迟疑。

恩重如山

父亲教育子女、要求子女一生严格，母亲疼爱子女、体谅子女一生宽容。我青年失明后母亲撕心裂肺，总是以泪洗面，对我处处宽容，体谅入微。而父亲却平静地对我说："失明是自己的不幸，别人无法替代，父母只能帮助一时，无法帮助一世，只有增长本领、自强自立，除此之外别无他路。"从此我对自己常采取激将法和高压法巧妙结合的方法。我有三件事至今难忘：一是房屋漏雨，父亲让我自己想办法修缮，我托朋友买了油毡、沥青，又请了两名工人，利用星期天将油毡铺顶，我在屋里安静地写文章，父亲在外面仔细地监工，傍晚时房子修好了，文章也写完了，修缮房屋花了 65 元，文章发表后得了 80 元稿费，父亲终于露出了欣慰的笑容。二是妻子分娩后母乳不足，孩子需要用奶粉，一时间经济上有些紧张，我提出了缓交养老费的请求，父亲不同意，理由是有困难说明你没有本领。那时刚好一家医疗器械厂请我为他们指导乐队，并帮助创作一个参加汇演的节目，报酬为 120 元，相当于当时两个月的工资，这真的解决了大问题。父亲再次露出了欣慰的笑容。三是应邀出国讲学，当时我的孩子需要有人照料，妻子人单力薄，唯恐顾此失彼，需要别人支援，我请父母到家里来住，父亲推辞年岁大了，心有余而力不足，还是另想他策吧。我情急之下灵机一动，由助理陪同来到了孩子所在的学校，将他的所有老师聘为家教，每晚都有老师到家里来，一边辅导学习，一边帮助照看。一时间学校的人拿我当大款，我听后苦笑，无意辩解，只是勇往直前地踏上了出国讲学的征程。后来父母在报刊、杂志、电台、电视台等媒体得知他们的儿子是全国第一位登上国际讲坛、走向海外施治的盲人医师后，他们热泪盈眶，感到骄傲自豪。一首题为《严父慈母》的七言律诗是这样写的：

功成名就忆双亲，尽孝难酬天地恩。
教子成才严自贵，生儿育女善缘深。
高压激将成硕果，体谅入微注良因。
父母功德千古颂，养儿知晓老人心。

登上中外讲坛

多年来我多次应邀在国内外同行中介绍治疗经验，为继承发扬祖国医学、让中医走向世界作出了积极贡献。我多次走进机关、大学讲健康、心理，得到了大家的广泛认可与支持。一首藏头律诗是这样记述的：

医林优术广垂询，疗效当先解救人。
结下良缘成挚友，交流国际点迷津。
情深海外传新艺，意切门庭解祸根。
常取众方博采用，存查古训便遵循。

走向海外

我无数次接待外宾，多次受邀出国。1993年初春前往新加坡讲解医疗，感受颇深，现将其主要内容分述如下：

选择助理

协助我工作的助理有数名，懂外语的只有一人。有一天她睡前反复阅读我撰写的《静力与动力在按摩疗法中的合理应用》一文，由于困倦随后入睡，不料一个有意思的梦境奇迹般地出现了。梦中我在前面行走，她在后面跟随，路越走越宽，天越走越亮，当走近我的时候天已大亮，同时她也从梦中醒来，感到心慌意乱，思绪万千。晨起梳妆后缓步来到了我的诊所，正想趁没人的时候将这一梦境与我分享。此时又发生了一个新的巧合，一位年轻的邮递员迈着轻盈的步伐给我送来了一封海外来信，我接过书信顺势交给了她，让她逐字阅读。信中大致内容是邀请我到新加坡传授临床经验，为更多患者诊治疾病。当时懂外语的她两手冰凉，声音微颤，压抑着心中的喜悦，心想自己是陪同出国的最佳人选。她猜对了，我首先想到的就是她。但经过反复思考，我为了避免异性之嫌，决定不请她陪同出国。自打那天起，她几乎每天都要和我见面，陪同散步、谈心。在20年前，得到出国的机会是令人羡慕的。因此，她想方设法和我亲近、示好、讲道理、分析利害。其实我心里跟明镜一样，她说的既合情又合理，不知为什么我此刻无法战胜传统观念。一首《沁园春·心语》写出了当时真实的感受：

万绪千条，点点流芳，唯有深情。看随行审患，如睁二目；深查甚感，有幸相逢。秋意春合，心心相见，奇跃萌生梦显灵。得相聚，却惊然静喜，心浪翻腾。

纯真爽似金风。饮泣语无声胜有声。愿随出海外，宏图共展；心虔智放，美意浓浓。

久敬严从，排忧解难，苦辣酸甜同路行。凭心赞，属春怀壮志，品味无穷。

讲医理、传医技

1993年的春天，晴空万里，和风扑面，我由亲人和助理陪同登上了从北京直飞新加坡的航班。豪华的客机内整洁舒适，前方有电视屏幕，座位扶手上悬挂着收听中外新闻、文艺节目的听筒，热情的空姐忙前忙后，对顾客服务得无微不至，座位前面的餐桌上摆满了各种食品，有中餐、西点、香茶、咖啡。客机上很少有人说话，宁静的氛围让人感到更加安逸。我正在闭目养神之时，走来了一位俊俏的空姐，她用流利的普通话主动征求我的意见，询问对客机服务是否满意，同时拿出征求意见册。我稍加思索，让助理在册子上写上了“新航服务，国际一流”八个大字。经过6个小时的飞行，客机平稳降落机场，迎接我的新方人员赶忙走上前来，与我等人员热情握手，并一同乘车来到住所。

新方人员带着我周游全国，介绍当地的风土人情。有一次去圣陶沙游玩时的遇险令人至今难忘。当时大家一起坐缆车横跨大海，车上有五六个人已经走下缆车，这时我已经迈出右脚，左脚还在车上，忽听有人大声呼喊“不要动，不要动”，原来是缆车的挂钩迸开了，我身临险境，待抢修人员及时修复后我才走下缆车，岸上的人们吓得心惊肉跳，我却坦然自若，原因在哪？不用说大家心照不宣。

讲解医疗经验、传授推拿医术的帷幕就此拉开了。我应对方要求，边治疗，边讲解，边传授。在新加坡期间，我用巧力治病，患者不觉痛苦，给他们留下了新奇的感受。

我首先介绍了中医治病的特点，即辨证施治、整体观念和治病力求根本、急治标、缓治本、标本兼治等医理；然后介绍了医疗推拿为什么能够治病，怎样才能治好病的基本道理，内容包括按摩治疗妇、内、儿科10种疾患的具体方法，重点介绍了不吃药、不打针，用医疗推拿治疗颈肩病、腰腿病的具体方法，以及如何鉴别各种症状类型等具体经验。

我在传授医术手法的过程中重点强调了一分功力、一分疗效，及手法功力怎样达到标准，演示了快速按摩法而保持节奏不乱，每秒一次频率作用力同时不间断的有关要领。还介绍了垂直力加以左右分力，水平推力等静力与动力有机结合的操作要领，以及浅、中、深和点、线、面有机结合的有关思路，共介绍了20种相间手法。另外传授了8套行之有效的治疗手法和“保健按摩十八法”，并留下了书面资料。在损伤点、变性点、痉挛点、放射点、运动障碍点、主要的感觉障碍点要通透施治，以上6点加上经线、穴位、解剖部位共计9种部位要准确操作且切忌过力。总之，要细心掌握“十要十度疗法”的各项基本要领。

多种感受

我怀着对祖国医学的崇敬之情，为了继承发扬祖国医学到新加坡讲学、医治、交流。在新加坡期间我增长了见识，开阔了视野，感受良多，现分述如下：

1. 珍惜健康。那里有三种人的健康意识非常强：一是没有钱的人，他们有一句名言叫：“死得起，病不起。”没有钱的话一旦得了病会很狼狈、痛苦、无奈。二是知识水平较高的人，他们活得很细心，既爱岗敬业，又品味生活，这些人是健康、快乐、长寿的积极倡导者。三是特别有钱的人，他们家境殷实，一旦身体出了问题，怕财产损失，自己吃亏。

2. 过分防病。我认为增强防病意识是对的，未病先防、未病先治也是有道理的，但有的人犯有疾病恐惧症，疾病还没有来的时候就提前准备，全面防御，唯恐得病。他们的工作一般都特别忙，一旦得了病，对工作、生活都会造成巨大影响。因此，他们认为健康是“1、2、3”的“1”，一旦“1”没了，其他的一切也就都等于“0”了。

3. 有病早医。一次我给一位女士看病，查了半天，却并未发现她哪个部位有病，她好像看出了我的疑惑，问道：“您是不是觉得我的病很轻？其实我就是昨天晚上颈部有些不适，今天早上好多了，我想提前治疗一下。”当时我不知道她心里是怎么想的，想有意试探一下，于是说道：“这点小病在我们这里可能治不了，只有侥幸等待自愈。”话已至此，这位女士感到很惊讶，说道：“您不应该这样说，疾病轻，好得快，花钱少，等病情发展重了，好得慢，花钱多，我也治不起了。”此刻我翘起了大拇指，高兴地说：“这个想法太好了，我一定把这种思路带回祖国，让我的同胞们借鉴受益。”

4. 不必要的逆反心理。我为一位患者治疗的时候为其讲解病情，然后告诉他治疗一两次不行，要按疗程治疗。这时他有可能不治，认为要骗他的钱，表现出不必要的逆反心理，当我发现这种特点后，工作人员也多次告知个别人有这种毛病，以后再次遇到这种人，为他治疗一次后就不再讲解以后是否连续治疗。

谁料到他竟会主动上门，说："这么重的病治疗一次好不了啊！是不是应该继续治疗?"当时我就告诉他："这种疾病应该连续治疗。""那要给我安排一下时间啊!"他表现得很急切。"到我们这里预约的患者很多，我还是想办法给你安排吧！不过你要坚持治疗，按照预约的时间准时就诊。"随后他感激万分，欣然应允。

5. 过于细心。医生在为患者治疗的时候已经把病因、病理讲得很清楚，但对方还要反复向你追问，唯恐给他诊治错了，他还有什么情况没有掌握，甚至观察医生是否真有医术，也不管有没有用，只要他想到的，就会很任性地连连追问。这时要拿出大家风范，为他口头制订一个治疗方案，让他安心。

6. 疑心过重。和有的人正面交谈，他总是不正面理解。有时反面交谈他却能够正面理解，总是需要拐弯抹角地交谈。面对这种疑心过重的患者，我采用了"身心同治法"，后经实践证实疗效不错。

7. 有病怨住房。有一位中年男子患了颈椎病和胃病，不积极治疗和面对，而是天天怨住房不好。有一天亲人带他前来看病，在治疗中他顺便问我："您懂不懂风水学?"我首先给他讲了夺阳避阴的道理，然后又谈了群居的楼房不可能有阁型宅、榭型宅、轩型宅等风水吉宅，以及群居的楼房有人气旺的特点，只要方方正正、采光充分就好，缺点与不足是难免的。经过多方面的开导，他终于改变了观念，而且治好了病。

8. 向往真情。一位女子患了腰椎间盘突出症，感到痛苦至极，我到新加坡后为她解除了病痛，她非常感激，经常在下午三时许为我送点吃的，当地称为“午点”。她经常在炎炎烈日下为我送来亲手制作的点心。她非常向往真情，觉得真情虽平淡却珍贵。

9. 要会外语。有一位患者是患颈椎病的中年人，由于我迅速为他解除了病痛，为了表示感谢一定要约我到他家去做客。出于盛情难却，我就来到了他的家中，有两位80多岁的老人十分热情地负责接待，他们说的都是闽南语，我根本听不懂，而我说的普通话他们也听不明白。当时话虽不多但气氛很融洽，两位老人想方设法展现出他们的热情好客。有一位老人拿来一个芒果，说家里有一棵芒果树，可惜果实还没有成熟。为了让我品尝新鲜水果，就把一颗不熟的芒果放到了我手里。此时我不知道是何用意，拿了一会就把芒果放到了沙发的扶手上。由于语言隔阂闹出了笑话，他们可能理解为我爱吃不熟的芒果，结果就摘了几个不熟的来招待我。这说明在国外，语言不通的话困难很大，我原以为新加坡的华人很多，不用外语也可以，其实并非如此。在新加坡行医只学一种外语不行，我认为，不但要会说普通话，还要会说粤语、闽南语、英语、日语、马来语、印尼语，不需要说得很精，但是日常口语问答必须流利。

10. 巧遇新华社记者。有一天我遇到了一位新华社驻新加坡记者，她姓蔡，听说我是来自中国的医疗人员后欢欣鼓舞，彼此交谈得也非常融洽，大家都有一种亲切的感觉，最后她拿出一张名片郑重地交给了我，顺便说道："如果你在这里遇到了困难，可以给我打电话，我会尽力帮你解决。"当时我感到很温暖，想起中国的一句古话，即人生四大快事之一的"他乡遇故知"。

走出国门

我的人生既有奋斗史，也有波折史，是一个不断吸收、总结、提高的过程。我的医疗事业是发展、创新、实践的具体体现。我的成功之路是先走出国门，后走向全国。我的事业和人生充满了戏剧性，现简述如下：

第一届亚太地区按摩研讨会召开前夕在全国范围内征文，乐于参加者可将自己的论文在截止日期前发往北京。我将早已写好的4篇论文送到北京，负责此项工作的相关人员热情接待，并说道："寄来就行了，怎么还亲自跑一趟?"我平静地答道："为了把工作做得更好，提前掌握大会的要求，做好参会的准备，就是再不方便，跑一趟也是应当的。"接待人员对我的认真与执着产生了好感，思索再三后惋惜地吐露："参会人员好像已经初步定了。"我幽默而自信地答道："其中肯定有我。"对方为难了，迟迟没有回答。我借机介绍了自己多年来在医理上的进展和医术上的创新，以及临床上积累的一些经验，发表过的一些论文。我一边讲着，这位开明的接待人员一边静静地听着，好像并无反感。我接着又介绍了在按摩疗法中结合心理治疗、心理调适的实践经验。工作人员频频点头，表示赞赏，我话锋一转，又谈起了情感学、命理学，这样一来引起了对方的好奇与疑问，于是我认真幽默地讲，她也不断地发出有针对性的提问。她连连提问，我频频解答，当时交谈气氛显得热烈、话题新颖。双方不知不觉地交谈了三个小时之久。临别时她语重心长地说道："你回去安心等待吧！真正的人才是不会被埋没的。"我喜出望外，告别之后回到天津。大约过了一个星期，一位年轻的邮递员迈着轻盈的步伐送来了一封北京来信，信中要求我将《按摩保健十八法》论文翻译成英文，并一同送到北京。我找到一位大学教授协助翻译，这位教授不知何故迟迟翻译不出来。事情就是这样巧合，有一位来自大洋彼岸的外籍华人慕名请我治疗腰病，她爽朗、幽默，毕业于美国波士顿大学，中、英文都很优秀。我见到这位年仅 37 岁的女士后，首先为她诊断治疗，发现她患的是腰椎间盘突出症，二人边治疗边交谈，从西方谈到东方，从生活谈到工作，越谈越投机，越说越高兴。后来电话铃响了，听筒那边传来一位男士的声音，遗憾地说道："您的论文在本周内可能翻译不出来。"我无奈地放下了话筒，正在治病的外籍华人得知此事后，谨慎而认真地提出："谢大夫，您的论文能拿来让我看一下吗?"我心中一喜，打开抽屉取出文稿，递了过去。她认真仔细地看了一遍，露出了轻松而自信的笑容，说道："这有何难？我来帮您。"她仅用了 130 分钟就将论文翻译成了英文。外宾回到喜来登酒店亲自打印，我陪伴在她的身边，她一直忙个不停，我也不时蹲下身来为她按摩缓解阵阵腰痛，在医治、译文时彼此结下了珍贵友谊。后来这篇论文被评为大会优秀论文。从此我成为第一位登上国际大讲坛的盲人医师。我的演讲答辩引发了良好反响。在大会期间，有 100 多位同行先后来到我的跟前，有的询问、探讨，有的学习、请教。我的房间每晚都要接待很多人，有的询问按摩疗法如何规范，有的询问按摩手法如何创新，也有的要我亲自为他们现场演示，我耐心细致地讲解了按摩疗法如何规范、改革、创新的经验体会。应来者的请求还为他们演示了高难度按摩法，即安全、准确的自然还位法、快速按摩法、极快抑制催眠法，还演示了两只手同时操作的同步协调按摩法。参会期间我的睡眠时间每天不足两小时，虽然紧张忙碌，但身心状态却也始终保持良好。

我代表祖国登上国际大讲坛的消息传开后，许多报刊、杂志、电台、电视台争相报道。如《天津日报》1991 年 10 月 12 日在头版刊登了关于我登上国际大讲坛的文章，最后一段是这样写的：

> “现在大会演讲开始。”大会主席宣布开会，“第一位演讲者是中国天津的谢玉秋先生，他演讲的题目是‘按摩保健十八法’。”他缓步走上讲台，一位普通的盲人医师能代表祖国登上国际大讲坛，这十分荣耀，同时又使命神圣，他异常冷静、沉着地侃侃而谈。

> 答辩开始后，会场气氛活跃起来，中外同行纷纷提问，他反应敏捷，口齿伶俐，对答如流，短短40分钟的演讲与答辩确实造成了一次轰动效应！他成了整个研讨会万众瞩目的新闻热点人物。

此后，有请我出国讲学的，也有请我培训学员的，有找我深造技艺的，还有请我当顾问的，一时间我忙碌不已。

随着一天天的时光流逝，一次新的国际会议又要召开了。有关负责人员向我征文，希望我能够参加，我仍然将早已写好的4篇论文报了上去。无论是选报论文，还是办理别的事情，我总是愿意提前一点，想得周全一点，准备得充分一点，我认为这样做会少留遗憾，把握更大。1996年的6月上旬，北京的有关负责人员发来邀请函，邀请我于当月26日赴广东国际大酒店参加第三届亚太地区按摩学术研讨会，向来自8个国家的与会代表讲解《经穴按摩养颜防皱》的医理、医术。这件事的背后有一段戏剧性的故事。在国外期间，有一位爱好美容的女士曾问我："中国有美容术吗？"我回答："有，2000年前就有。"这位女士听后感到疑惑，说道："您略讲一二如何？"根据《内经》

提出的人体十二经、三百六十五络皆通于面的原理，我向她介绍了整体保健的养颜作用以及面部保健对整体的好处。我针对面部美容按摩提出了一系列操作方法，原创了自下而上、由内向外操作的医理与要点。特别提出了祛皱的高难度手法，即快速按摩法的要点。根据干性、油性、中性等肤质的不同，配置了一种浅绿色的天然护肤品。这位喜爱美容的女士听了我的美容学讲解后感到惊奇，并多次前往我的诊所请教。随后我根据所讲内容回国后写成文章在《天津青年报》上连载 4 个多月，共计 17 篇。

在这次国际会议期间，我不仅向与会者介绍医学、保健学，还结识了许多中外友人。我的演讲论文被选入《第三届亚太地区按摩研讨会论文集》。在国际会议召开期间，我还得知《厦门日报》刊登了自己的照片及个人简历。

走向全国

我的《按摩治疗胃脘痛 109 例临床观察》论文直接被选入《按摩学术论文选集》第一集。我以往盼望已久的事难以实现，如今达成却又如此容易，这和勤中自有黄金屋、功夫不负有心人密切相关。第二届国家级按摩学术交流会又要召开了，并向全国发出了征文通知，我照例将自己早已写好的4篇论文报了上去。1994年的冬季，我接到了北京来函，受邀参加第二届国家级按摩学术交流会，向来自全国的与会代表介绍《快速催眠术》的经验与方法。我在忙碌中做了充分的应答准备，放下了紧张的临床工作，由领导陪同登上了从天津开往兰州的列车。大家一路上有说有笑，十分开心，只是有一位邻近卧铺的旅客一直抽烟，呛得我头痛难忍，乘务员对此置之不理，我也是无法制止，在无奈中想出了一个应对之策。我面对爱吸烟的乘客请求道："我给您说一个谜语，与您的工作有关，在没有答上来之前您能否停止吸烟？"这位中年旅客明白了我的用意，掐断了手中的烟头说道："好啊！我就爱猜谜语，你说说看。"我稍加沉思说出："蒋介石缺兵少将，白崇禧坐在中央，金丝猴两面环绕，宋子文脱帽投降。——打一字。由于这位旅客是做药品生意的，我说这个字与他的工作有关，大约过了一刻钟，这位旅客一拍巴掌兴奋地说道："我猜出来了！是一个繁体的'藥'字。"话音未了又去抓他的香烟，未等他点燃，我又讲了"三条金鱼"的故事，说的是古代有一位国王用黄金制作了三条金鱼，形状一样，重量相等。他将文武大臣叫到自己跟前，问这三条金鱼哪一条最珍贵，群臣哑口无言。只有一位个子不高、平时不爱讲话的大臣令侍从取来了一根马尾，从第一条金鱼的左耳穿进右耳抽出，说道："这条鱼不可要。"又从第二条金鱼的左耳穿进嘴里抽出，说道："这条鱼也不可取。"接着从第三条鱼的左耳一直穿进了肚子里，说道："这条鱼方为尊贵，陛下应当重用。"国王哈哈大笑，奖赏了这位大臣。"请问，为什么说第三条鱼珍贵?"他思索了片刻，哈哈大笑起来："我猜出来了。"随后急不可耐地去抓他的香烟，未等他点燃我又提出了新的话题："您只要为我讲出宰相肚里能撑船是怎样来的就可以随意抽烟。"这下子把他给难住了，他反过来说："你要能为我讲出它的来历我就到卫生间去抽烟。"我一字一句讲了起来，聊天过程中列车已到达了终点站。接站的人员早已在此等候，他们搀扶着我乘车来到省招待所安歇。次日上午中国第二届按摩学术交流会开幕，来自25个省市的专家与学者先后演讲答辩，介绍各自的临床经验，我的演讲答辩又一次反响热烈。一时间我又成为了新闻人物，有找我探讨请教的，请我展示手法的，也有邀请我到当地工作的，我花费心思几乎满足了每一位来者的各项要求。我介绍的内容是，缓慢、均匀、持续的抑制手法可促进睡眠，极快、均匀、持续的抑制手法更能促进睡眠，这些引起了大家的广泛兴趣与认真思考。

华北地区首届按摩学术交流会在河北省廊坊市召开，相关负责人员向我征文并邀请参加大会，我上报的两篇论文是《按摩治疗失眠 103 例疗效观察》和《按摩治疗急性胃脘痛 109 例临床观察》，结果两篇论文均被评为大会交流论文并选入论文集。其中介绍了 20 多种按摩治疗失眠和急性胃脘痛的有效手法。成功的交流手法，广泛的同行交往，这些都为继承发扬祖国推拿医学发挥了一定作用，同时也对我提出了更高的要求。

1994 年，天津市中医药学会、中医推拿学会举办按摩学术交流会，特邀我参加并在大会上向与会同行重点介绍医疗按摩治疗颈肩病、腰腿病的经验与方法，我热情而诚恳地向大家介绍了治病、识病的经验与方法，特别是如何选择手法，运用作用力，使用动速来准确、科学地治疗疾病。与会同行听得很认真，有的反复询问，有的认真记录，也有的要求我现场演示，大家取长补短、共同进步。我上报的论文《抓住颈腰椎病的治疗时机》被评为大会优秀论文。

在多年的临床实践中，在无数的鲜花掌声面前，我始终保持高调做事、低调做人的原则。一首《满江红·中外讲坛》这样总结：

国际登台，临亚太讲传经验。点睛叙，各国同行，聆听赢赞。六大功能防蜕变，十八法力保强健。正答疑解析展新题，临教练。

引同行，寻规范；探新法，偿心愿。演高难绝技，围观悬念。面对全国讲经验，北方五省谈新见，属夺席展艺广交流，勤登探。

大学讲心理

20多年来大专院校多次邀请我为大学生讲解情感心理及身心健康，我在忙碌之中尽量满足了他们的要求。

1998年的春天，我应南开大学的邀请，准时来到学校主楼三楼，登上讲台时室内爆发出热烈的掌声。我为大学生们进行含义深刻、内容广泛的心理讲座，讲座自始至终掌声、笑声不断。我先表示羡慕各位学子能够在南开大学的校园里读书，自己也曾梦想到这所中国知名的大学里来求学，最终没有如愿，但立志能有一天到这所大学里开讲座，如今这一愿望终于实现了。我首先讲解了大学生的情感心理，分析了其中的共性与个性，然后谈论了大学生恋爱的禁忌与要求，以及三种恋爱形式的结果与评估。应大学生的要求回答了什么是爱情，即“爱情”二字应当如何理解。我认为爱情属于神秘领域和微妙空间，处理好了是一种动力，能愚公移山，精卫填海；处理不好是一个深渊，能使人堕落，甚至走向死亡。爱情是一种奢侈，得到了应当珍惜，得不到不要强求；爱情是一种奉献、一种承受，没有奉献精神和承受能力的人，爱情往往与其无缘。“爱情”二字从文字上讲有7点含义：以相互支撑、相互谅解作为基础；得到法律支持可以缔结婚姻，有生儿育女的权利；爱情也像人一样需要三点支撑，即两个人身心健康的支撑、经济基础的支撑、亲人与社会的支撑；喜爱一个人的优点也要接受其缺点，否则双方感情无法维系；有一颗充满激情的心；情感纯真，心如明镜；四季常青，一生常青。以上7点是爱情的真正含义。带有物质、交易、利益色彩的所谓爱情不是真正的爱情，特别是更要提防功利爱情。我还为大学生们讲了事业心理，主要介绍实际适宜的择业观，如何创造机遇、把握机遇、等待机遇的各种技巧。告诉大家选择比努力更重要，情商比智商更重要，能力比学历更重要，健康比成绩更重要的有关道理。要做到“六勤六多”，即勤思考、勤观察、勤询问、勤动手、勤动笔、勤动腿，多实践、多吸收、多总结、多提高、多交往、多自省。人与人之间、人与周围环境之间应当是平衡的，当面对不平衡状态时应该学会找到平衡。通过知识、思想、情感、物质等交换达到知识对等互补、诚信以及个性吸引，这样想要的结果也就可以达到了，承诺的话要落到实处，成功也好，失败也罢，应当有个交代。说话、听话时准确性更为重要，应尽量避免语言失误造成的误解、错解。

我还为大学生们谈了心理健康，即怎样达到身心良性循环、适应周围环境。讲解了如何化解心理障碍，以保障身心健康等事宜。一首《忆秦娥·大学讲心理》是这样总结的：

灵精粹，云集南开三百位。从容对，登台讲座，答疑清脆。

习学创业强身配，爱情定义聆听醉。展神慧，追求进取，自得尊贵。

在南开大学开讲座后，我先后接到了100多位大学生的当面咨询和电话咨询，有情感问题、学业问题、事业问题、拜金问题，也有身心伤害造成的各种问题。

一位大学生问我："您年轻时的奋斗目标是什么？"我的回答是："我是医疗工作者，首先学习'医圣'张仲景和‘药圣’李时珍，他们将毕生精力奉献给医药事业并留下了医药专著，为医药人员作出了表率，为大家的健康作出了不朽的贡献。为了做好工作不仅要古为今用、洋为中用，还要中西结合、推陈出新，做到对医术精益求精，对工作极端负责。”这位大学生听后接着说：“我的奋斗目标是比尔·盖茨和李嘉诚。”我十分喜悦：“好啊！能成为企业家或者科学家，做出一番事业也同样令人敬佩。”这位大学生接着说：“如何做一番事业我没有想过，只是想得到富豪那样多的钱，因为在学生中拜金主义很盛行。”我听后感到震惊，追问道：“你们能拜到多少啊？”这位大学生叹息道：“我们以学业为主，拜不来多少，只是垂涎而已。”我心中一亮，借机答道：“既然拜不来，我看就不要去拜。应当实现学业、事业追求，以及身心健康的各种需要，到那时不需要你去拜金，自然而然地金就会主动来拜你，同时还能得到鲜花和掌声。”我还借此从钱的流通、使用及获得方式等方面谈论了金钱观，发人深省。一首以“钱”为题的《十六字令六首》有感而发：

其一：

钱，货币流通万户欢。严规范，占有免出贪。

其二：

钱，所要薪金必付艰。来之畅，去也坦安然。

其三：

钱，拥有丰资切莫偏。兴德事，义取美名传。

其四：

钱，亿万财银用更难。挥毒赌，业败狱中餐。

其五：

钱，吝啬支出久病缠。当离去，万贯亦空谈。

其六：

钱，六大追求广内涵。金拜己，富有更完全。

多处讲保健

多年来我养成了一种习惯，无论是对于自己的本职工作，还是其他专业的学习，总是力争做到最好。坚持在学中用、在用中学，理论结合实际，体现自身特色。我总结出“三学二转一补充”的经验体会。意思是向书本、前辈、同行学习；读书时人围着书转、用书时让书围着人转；学会创新改变、开拓进取。我至今无数次应邀到机关学校、企事业单位有关培训班讲课作报告，自己也更加努力，不断提高。我至今难忘的有以下 7 件事：

应邀讲课

天津市举办盲人按摩培训班，有关领导邀请我为大家讲课，并要求我将拿手医术教给大家。我采用深入浅出的幽默语言讲解基础医学、基础手法时，大家边听边笑，显得很开心。随着学习的不断深入，我针对复杂的病情讲解了审时度势的各种细节手法，以及力、幅、速、准等功力的各种指标和操作的严格要求。有的学员面露难色，有的学员表现出退缩，还有的干脆入睡甚至发出了鼾声。只有三名学员做了记录，在课间休息时还向我再三询问。后来这批学员从事保健按摩工作的不足三分之一，获得医疗职称并从事医疗按摩工作的至今尚无一人。对此我经常想起业界前辈侯先生说过的一句话："庸人易得万，人才难得一。"世间医林也是如此，庸医无数，良医难寻。

坐等多时

1992 年五四青年节时，天津十七中团组织向我的单位领导提出，请我为他们做一次"人生与追求"的现场报告，领导没有答应，理由是我接待外宾，可能没有时间。十七中团员在青年节下午集体来到我的单位，首先在楼上楼下帮忙扫地、擦玻璃，一度出现了学雷锋、做好事的场面，然后坐在会议室里静静等待。大约下午 4 点半时，我从喜来登大酒店接待完外宾后才走进单位大门，领导将我请进办公室说明缘由后，让我到会议室为大家讲解并答疑。我刚接待外宾已是身心疲惫，马上接到新任务又有几分紧张，边思索边向会议室走去，才迈过门槛，室内就响起了热烈掌声，我定了定神讲道：“我首先对同学们等待多时表示歉意，并向大家的到来表示欢迎，对大家正值青年时期、朝气蓬勃、前途充满希望表示羡慕。”我重点讲述了怎样实现学业与事业的追求，承担自身与家庭的责任，讲解了经济独立、满足温饱是基础，满足各种需要是目标，作出杰出贡献、实现人生价值是最高境界，谈论了怎样面对现实，创造生活，以及为社会、为家庭多承担、多奉献，介绍了指导自己人生的座右铭，剖析了“六勤”、“六多”、“三平衡”、“四交换”、“五吸引”、“言必行，行必果”、“两个准确”的具体含义后，室内再次响起热烈的掌声。我在现场接到了两张提问字条，第一张问：“我父亲是工人，而他爸爸是局长，我再努力也比不上他。该怎么办?”我的回答是：“人生主要是品味过程，经历奋斗其乐无穷，直接享受结果往往不会珍惜，即使得到了也会失去。”我熟悉的一位青年有些智力问题，他父亲利用手中权力将这位青年调到了医院工作，同事挑逗他，患者嘲笑他。在这种极不开心的环境下工作，他病情加重，住进了安定医院。他的父亲曾拜托我关照，有一天含泪对我说："是自己手中的权力断送了儿子的自由生活。"第二张字条问："什么是浪漫?"我答道："浪漫是一种意境，是一种陶冶情操的休闲方式；浪漫是情趣，是一种放松，是你享受生活的一种方式。浪漫需要一种心境，需要放松的状态；浪漫是可以制造的，需要文化的积累，你的文化积累越多，生活就越发浪漫。总之，开心是浪漫的基础。"短短一个小时的演讲答疑营造了一种开心的氛围。

妇联邀请

1995年的一天，我应南开区妇联的邀请为其基层干部做一次健康培训讲座，我怀着热爱健康、传递健康的喜悦心情缓步走上讲台，不加客套地直入主题，说给大家讲的题目是"为妇女干部身心健康保驾护航"。我重点介绍了保健、防病、治病的具体方法及有关常识，以及身心保健，学会传递良性信息，学会化解、避开恶性信息的具体方法；还谈论了学会请示、执行、汇报的有关技巧，说有三种人很难适应当今的社会需要，即认死理、不认错、总抱怨的人。我告诉大家怎样休息、运动，养成高蛋白、低脂肪、低糖的饮食习惯等多种健康常识和防病方法；还讲解了清内热、防外寒、避开传染源的有关常识，未病防病、有病早医的好处等，什么病到什么科治疗的各项说明，以及不会看病的患者盲目乱投医导致延误治疗时机的有关教训；还介绍了医生明确治疗方案，患者配合治疗的好处等。总之，采用天然无副作用的良性疗法能解决的就不用药，采用中药能治疗的就不用西药，采用口服能治疗的就不用输液，采用输液能治疗的就不做手术。此外，我还介绍了预防与缓解颈肩病、腰腿病的有效方法。我的这次脱稿讲座深入浅出、简便实用，深受大家欢迎。

政协邀请

2008年金秋的一天，我应天津市政协有关领导的邀请，为民主党派人士、有关退休人员讲解如何保持健康，获得快乐长寿的有关问题。我来到市政协八楼会议厅时，厅内早已座无虚席，大家见我到来表示热烈欢迎，一同鼓掌，我们一起围坐在桌前开展心情舒畅的讲座：我首先讲解要以健康为中心，活得潇洒一点，遇事想得开一点，年龄大了不要受寒、不要用力过度、不要攀比、不要怄气的重要性，介绍了保持乐观情绪，进行适当运动，如何才是吃好、睡好的有关说明，阐述了百岁老人的四句箴言，有病早治的注意环节，谈论了孤独久病最伤悲，寻找乐趣、参与、宽恕、少计较、少发怒的具体说明，介绍了淡忘过去、淡忘烦恼、淡忘年龄的好处，高薪不如高兴的内涵，以及才华受到埋没，人生受了委屈等诸多心理不平衡的化解方式。最后告诉大家如何保持身心健康，笑对人生，以及理解“无所谓，不过如此”两句话的内涵。我在不到两个小时的讲座中让大家在欢乐中度过，还顺便开展了座谈与答疑，大家都留下了深刻的印象。

市政厅邀请

1995年仲春的一天，我应天津市政府办公厅的邀请为长期伏案的政府工作人员讲解了7种颈椎病的不同症状、不同病理的有关专业知识，颈椎病发生、发展的各种规律，颈椎病预防、治疗、避免复发的有关常识，以及预防与缓解颈椎病的反向平衡运动。一个下午的讲解和答疑为公务员健康保驾护航，我感到十分欣慰，同时也得到大家的认可与尊重。

市残联邀请

1997年国际盲人节之际，天津市残联邀我为各区残联代表讲述个人经历以及盲人保健按摩的前景。我简要地说明了个人的情况，简述了对盲人按摩的几点体会：一是融入健全人。生理上有残疾不是难点，只要心理健康，将自己融入到健全人群中去，才能有发展、有出路。二是四点服务，即技术服务、心理服务、文化服务、环境服务。三是实现人生追求，即知识追求、事业追求、情感追求、爱好追求、特色追求、身心健康的追求。四是树立典型，开展讨论；注意发现，培养典型。主要标准是建立技术精、服务好、经营得体、综合实力强的按摩机构。我还经常组织专题讨论，及时发现盲人按摩在市场运营中出现的问题，并与同行进行讨论，互相取长补短。

区残联邀请

2013 年 4 月，我应天津市南开区残联邀请在社区学院为残疾人工作者讲解了题为“身心健康是残健结合的基础保障”的讲座，详细阐述了两个“融入”，即融入健全人、融入社会；介绍了残疾人有“三点”，即难点如何克服、利点如何把握、亮点如何经营等内容；最后还讲解了残疾人工作者“十二心”等专题，得到大家的普遍欢迎与认可。

总之，我几十年来为发展医学、传播医学做了无数次健康讲座，为丰富自身业余生活、增添雅趣为他人做了无数次指导。许多团体、学校邀请我当顾问、做辅导员。我数十年如一日以维护健康、追求健康为工作重心，为自己所涉猎领域之广、增添雅乐之多感到心满意足。

著书立说勤育人

继承发扬祖国医学，让医疗推拿这种自然的、无副作用的良性疗法进一步走向规范化、科学化，并重点接收传人，广泛培训学员，使医疗推拿得到更好的传承和弘扬。

写论文著医书

推拿疗法属于自然疗法，是自然医学的重要组成部分，推拿医学也是祖国医学和现代医学的组成部分。推拿疗法走向世界并广受欢迎已是不可阻挡的趋势。我为此也做了大量工作，发表了国际级、国家级、省市级论文共计50余篇，并出版发行了三部医学专著、一部诗词集和一部剧本。其间历尽艰辛，呕心沥血，现将主要内容简述如下：

作为医生，诊治病情时，周密考虑解决问题的办法是基础能力。对医术求精、对工作负责是良医的基本标准。总结临床经验，加以综合研究，给以不断升华，写成论文发表使其广泛相传，令医患双方受益是对祖国医学的一种贡献。在不断积累提高的同时还著书立说。有的医疗工作者为此作出了积极的努力，其中也有人饱尝了各种各样的苦辣酸甜。

我本人为了让按摩疗法向规范化、科学化迈进一步，本着“医生用力巧，患者痛苦小，治疗效果好”

的原则，结合力学原理，研究了“定位施力”的治疗方法，经临床实践证明效果良好。针对这种治疗方法，我后来以“静力与动力在按摩疗法中的合理应用”为题完成了天津市盲人按摩医生的第一篇医学论文。在长期临床治疗实践中，我发现大多数患者得颈椎病与长时间使用电脑、伏案工作、使用空调等多种因素有关。针对这些特点，我提出了“反向平衡运动”的理论，并以“预防与缓解颈椎病的方法”为题写成论文。五年期间我共写了15篇论文，并先后向有关的报刊投稿，不料全部石沉大海，一年过后仍无音讯。在急切无奈之际，我有幸结识了一位出版社的办公室主任，并向她倾诉苦衷，她先是思索，接着笑起来说道：“你是新作者，人家不熟悉、不了解、不知情，肯定不会首先考虑。我帮你介绍几位总编，可能情况会有所好转。”在她的指引下，我在不同的场合介绍医疗经验，其中发展创新的内容引起了几位编辑的关注。从此向我征稿的编辑越来越多。从有稿件发不出到后来的大量求稿，甚至有人主动登门拜访。从中我认识到一个人想成功仅有能力不行，还要有人脉、有智慧。1987年，一份按摩权威杂志刊登了由我撰写的第一篇论文。1988年，《长寿》杂志刊登了我撰写的第二篇文章，并在全国性的征文评比中获二等奖。同时《科学与生活》、《金秋世界》、《天津老年时报》、天津《今晚报》等多家报刊也相继刊登了我的文章。当时我诊疗和科研同时进行，白天看病，晚上执笔，共发表了40余篇论文与科普文章。1995年，《天津青年报》科普版面的记者登门拜访并请求刊发连载，我经过深思熟虑，终于在《天津青年报》发表了4个多月的连载，共计17篇文章。在此期间，一位颇有经验的老学者告诉我，我的论文与文章发表量已够多，可以在此基础上更进一步，将自己的高效经验系统地整理出来，形成新的科学理论，以“十要十度”为标准的医疗按摩法著书立说，出版发行专业著作，形成与国内外读者沟通的广泛网络。

写文章、著书时文字内容需要严谨准确，医学的论文、书籍更是如此，这不同于写小说等文艺作品，可以任意虚构发挥。

我在发表《抓住颈腰椎病的治疗时机》论文时，编辑将论文中的“按摩疗法”改为“按摩综合疗法”，这一下惹来了麻烦，短短一个月期间我收到了60多封读者来信，询问何为“综合”。因此，写论文、著书的文字内容都要严谨而准确。另外，读者群是哪些人至关重要，作者心中也应当明确。有一次，一位忠实的读者给我打电话，声称爱读我的文章、书籍。他也是研究医学的，曾写过几篇论文，但没有刊物接收使用，他带着困惑向我咨询，要我为他解释其中原委。我首先听他朗读了他写的论文，然后问他："你所写的论文面对的是哪些人群？"他思索多时答道："不清楚。"我接着对他说："我们写的论文应当高于一般水准，可以指导同行提高专业水平。我们写的科普文章应当通俗易懂，能帮助广大读者增加医学常识。你写的文章高不成低不就，同行读起来觉得浅显，广大读者读起来又觉得深奥，这就是没有目标读者群的缘故。我写第一部书之前首先向编辑介绍写作的角度，然后通过诊所、书店等途径了解广大读者的各种需求，确立书中所写的普及性内容应占75％以上，而相对高深的提高性内容超过20％即可。我的第一部书原名叫《谢氏按摩精要》，后经编辑与我协商改为《按摩保健十八法》，这也是为了更好地接近广大读者，迎合广大读者的需求。"

《按摩保健十八法》一书于1996年由华夏出版社出版，1997年初在全国发行，印数6000册，一时间引起了较大的社会反响。有的需要，有的好奇，也有的因想与作者交往或学习而争相购书。在不到一个月的时间内该书就全国脱销。在发行《按摩保健十八法》一书的日子里，我的诊所内外总是有人，有的要我签字，有的要我题词，有的提出拜师，有的等候进行交谈。我和工作人员从早忙到晚，尽量满足每位来者的要求。我当面接待人数已过千人，电话接待人数超过万人，虽然有些倦意，但感到由衷的快乐。

有一位中年医生先后跑了7次书店才买到《按摩保健十八法》这本书。他仔细阅读后不相信是盲人医师所写，因为他认为一位盲人医师不可能有这样高的专业医疗水平。于是他在一个阳光明媚的周日上午带着书和礼物来到了我的诊所，首先说明来意，提出进行直接交谈。我热情接待了他，彼此有说有笑，有问有答。半个多小时后他心悦诚服地站起身来，双手握住我的右手说："我低估您了，自愧不如，我叫您一声谢哥吧！"从此大家成为了好友。

还有一件事令我终生难忘，有一次外省市的100多人给我的诊所寄来钱款，要我帮助他们购买《按摩保健十八法》一书，我想办法与出版社联系，满足了他们的要求，并请了印刷厂的师傅为每一本书做了包装，特请了一位细心的女士帮助邮寄。她问我："平寄还是挂号？"我未加思索地说平寄即可。这位女士到邮局后却改变了主意，为每一本书做了挂号邮寄。即便如此，仍有20多人来电称没有收到。庆幸的是这位女士将回执交给了我，经查实得知原来中间有人劫书。《按摩保健十八法》一书出版发行后，天津电视台对我进行了专访，作家张学彬对采访内容做了文字实录，题目是“名医谢玉秋的人生之旅”，内容如下：

他是一位共和国的同龄人，是一位在患者中间久负盛名的医生。他写的一部按摩保健专著是新中国第一本用盲文撰写的，由9种按摩术组成，以非盲文形式出版发行的医疗书籍。他，就是这一期“人生之旅”的主人公——谢玉秋。

（画外音）今年（指1996年）华夏出版社出版了一本书——《按摩保健十八法》。这是一本介绍各种简便易行按摩方法的医疗保健书籍，面世后即引起许多读者的浓厚兴趣和反响，然而人们绝不会想到，这位学识广博、文笔流畅、循循善诱的作者竟是一位双目视力完全丧失的盲人医生。

谢玉秋青年时双目失明，在回忆与怅惘中重温那缤纷绚丽的少年时代；而意志坚定的他却无时无刻不在渴望冲击眼前的这片黑暗。

（诊所广角镜头）

谢玉秋：自从双目失明后，我曾多次到医院求治。当时，我发现有个别医生对病人不够耐心、不够负责，为此我很气愤、也很反感。有一次，我就说："将来如果我当了医生，决不会像你们这样！"这位医生听了哂笑道："你不可能成为医生。你要是真的成为了医生，也会跟我们一样……"现在，我成为医生了，但我觉得跟他们不一样。

（画外音）为使更多患者不再遭受自己曾经经历过的痛苦与冷遇，谢玉秋毅然走上了从医的道路。如今他和助手一起开办了自己的诊所。人们信赖他的医术，患者络绎不绝，但谁能想到一个盲人学医所经历的艰难困苦呢？

谢玉秋：我二十来岁开始学习祖国医学和现代医学，我想去中医学院，但有重重难关，只能克服困难。我还通过自学、拜师求教的途径学习了16年。后来国家给我提供了医疗岗位。残疾人从事医疗，社会上有很多人不大理解，甚至有一些误解，也包括个别的歧视与偏见。对待这些，仅凭语言、道理来驳斥比较被动，最好用疗效来回答和说明问题。

（电视画面切入按摩病床和长椅上等候就治的病人）

病人甲（中年女子）：我是疑难病号，浑身都是骨刺。现在经谢大夫治疗，病情大有好转。

病人乙（中年男子，俯卧待按摩）：谢大夫医术高超，为人也特别好。他鼓励病人对生活应该乐观一些；治病时心情要放松，要学习自我保健、自我锻炼。

病人丙（老年男子）：在这里看病已经是第7站了，我曾先后去过6个地方，看来这里的疗效是最好的。

病人丁（中年男子）：我病重时，手连卷烟都拿不起来……现在看了20多天，病情大大好转。

众病人：谢大夫还解决了我们的思想问题……他和蔼可亲……疗效挺好……现在已

经能干活了！

谢玉秋：我把患者看成是我的亲人，我觉得没有患者就没有医生。这几年，我为患者做了一点工作；可是患者更好，做的工作更多！由于我是残疾人，需要很多人的帮助。这些患者有时对于我的事比我自己都想得细，我觉得自己和患者成为了一体，就好比一撇一捺写一个“人”字一样，互相支撑。我从心底里感谢患者，没有理由不更好地为患者服务。

（画外音）心灵与情感的沟通是相互的。这一点在谢玉秋的诊所里，你就能真实地感受到：在医生、患者之间，在每个人之间流动着那份属于“家”的轻松与温情。

某病人：今天赶上谢大夫接受天津电视台专访，放在平时我们都是无拘无束、畅所欲言。因为都是患者，不问职位高低，也不分性别，你说一段东，我说一段西……轮到谁时谢大夫给谁治病，治完病放声一笑，有时还多待一会，每次来谢大夫的诊所都挺轻松愉快的！

（画外音）这里跟别的诊所不同，来看病的患者都愿意多待一会，多聊一会，有时直到诊所医生下班，大家才依依不舍地起身告辞。

谢玉秋：他们都说我对患者特别好，我自己的想法是——患者是带着病痛来求医的，我不管多忙、多累，都应该很耐心、细致地为他们解除痛苦，让他们开心。让他们愁眉苦脸进来，满面春风回去。

（画外音）《按摩保健十八法》出版后，谢玉秋已经开始创作下一部约18万字的医学著作。晚饭后自然成了他和助手的校稿加班时间。30年的杏林生涯，数十万字的医学专著，汇聚成一段瑰丽的人生。至今，应颐养天年的谢大夫仍痴心不改地苦苦探索着医术，憧憬着未来，摸索着人生的路。双目失明的他，心里装的却总是一个艳阳天！

谢玉秋：我的眼睛虽然失明了，但是我所从事的医疗事业充满光明。现在我有很多病人，有本地的、外地的，还有外国人，我要用自己刻苦学习形成的医术帮助患者解除痛苦，我愿意通过自己的劳动使他们感受到生活的温暖和光明！

写书难、出书难已经成为大家的普遍共识。我用了 30 年的时间写论文、著医书，出版发行同样经历了艰难曲折。

第一部专著出版时，书稿交到出版社足有两年的时间才与广大读者见面。第二部医学专著《按摩保健奇术纪实》，由于有了第一部书的出版经验，显得比较顺利，仅用了短暂的时间，书已摆进了书店的橱窗。一时间读者与媒体又忙了起来，有拜师的、有求医的、有祝贺的、有采访的，特别是天津《今晚报》记者进行了及时追踪和快速采访，并以“光明行”为题，写成通讯报道在 2001 年 2 月 18 日的天津《今晚报》头版刊登，全文如下：

写专著出书可是个不一般的活，一个盲人却圆了这个几乎不可能的梦。盲人医师谢玉秋经过 4 年的拼搏，他的第二本医学专著《按摩保健奇术纪实》终于得以出版发行。

从 1991 年至今，谢玉秋克服常人难以想象的困难，以顽强的毅力，夜以继日地写成《按摩保健十八法》、《按摩保健奇术纪实》两本共计达33万字的医学专著，填补了医学领域的一些空白，他也成为新中国第一位用盲文撰写、以非盲文形式出版发行医学专著的作者。

谢玉秋是一位共和国的同龄人。他青年时双目失明，从1968年开始学习祖国医学和现代医学，成了一名医疗按摩专家和注册执业医师。他的医学研究取得累累硕果，他撰写的《敲摩入静术》、《按摩快速止痛术》等论文发表后，得到医学专家的高度评价，在社会上引起强烈反响。

从1986年至今，谢玉秋为无数人答疑解惑，发表医学、心理学论文56篇。多年来，他治疗的患者数以万计，其中包括美国、英国、日本等国家或地区慕名而来的患者。谢玉秋还走出国门，在亚太地区的学术会议上介绍临床经验。

面对累累硕果和荣誉，谢玉秋没有沉醉，他要把一颗颗散落的珠子用一根金线串联起来。白天劳累了一天，晚上回到家，别人都休息了，他却在黑暗中伏案写书，夜晚用盲文写好，白天再念给助手誊清。经过10年的努力，他的第一本医学专著于1997年问世，又经过4年的奋斗，他的第二本医学专著《按摩保健奇术纪实》出版发行。谢玉秋实现了“人生就是战胜自我”的豪言，他仿佛又看见了五彩缤纷的世界。

“哒、哒”的声响回响在谢玉秋温馨的诊所里，他在重新起步，计划再用5年时间书写出第三本医学专著，为生命健康奉献出一个盲人的全部聪明才智。

第二部专著伴随《光明行》文章的发表问世后，同样引起了不小反响，还发生了不少趣闻。

一位高级工程师看过《按摩保健奇术纪实》一书后百思不得其解，心想一位盲人医师为何会有如此海量的知识。他怀着好奇心每周日下午到我的诊所看病，其实他没有什么病，就是想与我攀谈，想明白究竟。经过10次接触，他得出了一个结论，即世上无难事，只要肯登攀，聪明与天才来源于勤奋与积累。

有一家浙江医院的女医师看了《按摩保健奇术纪实》一书后给我打电话，说自己读了20遍这本书后收获很大，询问能否为其高级医师职称申请专门写一部专著，我听后提出重点："第五章第三节'临床中应注意的要点'您看了吗？"她表现出迟疑，我问了治疗中必须掌握的环节，她惭愧地笑了起来："我，我没看懂。"随后顺势放下了电话。

第三部书《唱吟心语》的出版发行较为简单，是两位编辑事先登门征稿，一时间亲友祝贺，读者购书，媒体采访，忙碌非凡。

第四部书《谢玉秋身心按摩要旨》是国家出版基金项目书，是指导全国盲人按摩师提高技能的书籍，有汉文版、盲文版、电子版，在网络上、书店中均可查询购书。

第五部著作《红香记》剧本是2011年我在疗养期间写成的，发表在《北斗星》杂志。

社会上一度出现了出书热，多为汇集他人写的文章而编辑出版。真正认真总结临床经验，从实践中提取精华，再经过反复推敲后形成专业著作的并不多见，特别是临床医师一生能有几部专著的寥寥无几，真正传承发扬祖国医学的高水平专著论文在科技进步等评奖活动中一般不会被埋没。例如：《按摩保健十八法》一书在市级科技进步评比中获一等奖；《按摩保健奇术纪实》一书在第三届"奋发文明进步奖"评比中获图书类提名奖；《预防与缓解颈椎病的有效方法》一文在全国十佳科普期刊文章评比中获二等奖；《情爱升华靠“三多”》一文在天津市“爱的真谛”评比中获二等奖；《顺动强身十八法》一文在天津市科普作品评比中获三等奖；《抓住颈腰椎病的治疗时机》论文被天津市中医药学会、推拿学会评为优秀论文。有的奖项由市领导亲自颁发，我为此深受鼓舞。多年来著书立说，虽然十分辛苦，但鲜花掌声也相伴左右。以“难”为题的《十六字令七首》是这样总结的：

其一：

难，论著投出十数篇。无音讯，久盼偶登刊。

其二：

难，论著频发预订连。争相用，日夜少休闲。

其三：

难，入户求章敬意宣。发连载，诊治伴科研。

其四：

难，短论通发专著攀。十年撰，书稿累成山。

其五：

难，专著发行各道关。从容对，运作未出偏。

其六：

难，特色开通预订关。读者阅，勇购亦争先。

其七：

难，立论发行尝尽艰。知天命，两鬓变白颜。

附：发表文章的日期及基本情况

1.《静力与动力在按摩疗法中的合理应用》论文在《按摩与导引》杂志1987年第5期发表。

2.《预防与缓解颈椎病的有效方法》在《长寿》杂志1988年第2期发表。此文1989年在第一届全国十佳科普期刊优秀作品评奖活动中获二等奖。

3.《睡前催眠三法》一文在《长寿》杂志1989年第4期发表。

4.《按摩治疗急性胃脘痛109例临床观察》论文发表在国家级刊物《盲人月刊》（1989年第10期）“卫生与健康”栏目上。此论文1990年初被编入国家级《按摩学术论文选集》第一集。

5.《抓住颈腰椎增生的治疗时期》一文在《长寿》杂志1990年第3期发表。

6.《快速按摩止痛术》（上、下）分别在1990年《长寿》杂志第4期和第5期发表。

7.《反向平衡运动可预防缓解颈椎病》一文在1990年8月22日天津《今晚报》发表。

8.《颈腰椎病的治疗时机》一文在1990年11月

14 日天津《今晚报》发表。

9.《敲摩入静术》一文在《长寿》杂志 1991 年第 1 期发表。

10.《痛经止痛简易按摩》一文在 1991 年 2 月 13 日天津《今晚报》发表。

11.《按摩治疗不寐》一文在《八小时以外》杂志 1991 年第 1 期发表。

12.《再论按摩治疗不寐》一文在《八小时以外》杂志 1991 年第 2 期发表。

13.《膝下保健有益健康》一文在 1991 年 6 月 19 日天津《今晚报》发表。

14.《按摩治疗胃脘痛 109 例临床观察》和《按摩治疗不寐 103 例临床观察》两篇论文在 1991 年 10 月华北地区首届按摩交流会论文集发表。

15.《解除疲劳可益寿，家庭按摩有新招》一文在《长寿》杂志 1992 年第 1 期发表。

16.《按摩降压》一文在《长寿》杂志 1992 年第 2 期发表。

17.《缓解胃痛的应急按摩法》一文在《科学与生活》杂志 1992 年第 4 期发表。

18.《睡前保健八法》一文在《科学与生活》杂志

1992 年第 6 期发表。

19.《脊背按摩升阳保健》一文在 1992 年 8 月 25 日《天津老年时报》发表。

20.《拍击健身八法》一文在 1992 年 9 月 22 日《天津老年时报》发表。

21.《慢性腰肌劳损的止痛按摩》一文在 1992 年 10 月 13 日《天津老年时报》发表。

22.《腰扭伤的简易推拿》一文在 1992 年 12 月 15 日《天津老年时报》发表。

23.《搓手健身八法》一文在 1993 年 2 月 5 日《天津老年时报》发表。

24.《顺动强身十八法》（上、下）论文分别在 1993 年 3 月 12 日和 3 月 19 日《天津老年时报》发表。

25.《贲门痉挛的家庭按摩》一文在 1993 年 6 月 1 日《天津老年时报》发表。

26.《缓解肩痛应急按摩法》一文在 1993 年 6 月天津人民出版社杂志《金秋世界》发表。

27.《止头痛按摩法》一文在 1993 年 7 月 30 日《黑龙江老年时报》发表。

28.《家庭治疗骨质增生的简便按摩》（上、下）分别在 1993 年第 9 期和第 10 期的《长寿》杂志发表。

29.《抓住颈椎增生症的治疗时机》一文在1994年4月12日《天津老年时报》发表。

30.《腰椎增生的早期按摩》一文在1994年4月19日《天津老年时报》发表。

31.《抓住颈腰椎病的治疗时机》论文在1994年被天津市中医学会评为优秀论文。

32.《腰椎增生症中晚期按摩》一文在1994年4月26日《天津老年时报》发表。

33.《按摩用力要得法》（上、下）论文分别在1994年5月17日和5月24日《天津老年时报》发表。

34.《按摩快速催眠术》论文于1994年参评全国第二届按摩交流会，被选为大会交流论文，并编入国家级《按摩论文选集》第二集。

35.《男子性功能保健的自我推拿》一文在《长寿》杂志1994年第7期发表。

36.《按摩保健六要素》（上、下）论文分别在1994年7月12日和7月19日《天津老年时报》发表。

37.《膝部骨关节炎的按摩治疗》一文在1994年11月22日《天津老年时报》发表。

38.《自我治疗肩周炎》一文在1994年12月20日《天津老年时报》发表。

39.《腰臀减肥八法》一文在 1995 年 1 月 12 日《天津青年报》发表。

40.《腿部健美八法》一文在 1995 年 1 月 19 日《天津青年报》发表。

41.《开胃健脾八法》一文在 1995 年 2 月 9 日《天津青年报》发表。

42.《眼部健美八法》一文在 1995 年 2 月 23 日《天津青年报》发表。

43.《面部防皱按摩法》一文在 1995 年 3 月 2 日《天津青年报》发表。

44.《乳房健美八法》一文在 1995 年 3 月 9 日《天津青年报》发表。

45.《颈部自我保健》一文在 1995 年 3 月 16 日《天津青年报》发表。

46.《顺动强身十八法》论文在 1996 年 9 月荣获第三届天津市优秀科普作品三等奖。

47.《穴位按摩，养颜防皱》论文于 1996 年 6 月入选亚太地区按摩研讨会交流论文，并编入《论文集》。

48.《按摩保健十八法》一书于 1996 年 9 月由华夏出版社出版，并在全国发行。

49.《努力进取不断提高——超越自我的必经之

路》一文在《天津残联》1997年第4期发表。

50.《祖国在我心中》一文在《支部生活》1999年第10期发表。

51.《按摩保健奇术纪实》一书于2001年1月由天津科学技术出版社出版发行（印数6000册），2002年5月再版（印数3000册）。此书在第三届“奋发文明进步奖”评选中获图书类提名奖。

52.《按摩治疗偏瘫的简易方法》一文在《长寿》杂志2001年第2期发表。

53.《祖国处处有温暖》一文于2003年在《爱的回想》刊登。

54.《唱吟心语》一书于2006年由中国盲文出版社出版发行。

55.《谢玉秋身心按摩要旨》一书于2012年由中国盲文出版社出版发行（印数5000册）。

56.《红香记》剧本于2012年在《北斗星》杂志全文发表。

以上是发表文章时间及简要情况，还有许多资料和文章已丢失，因此发表日期无法查明。

中外教学员

医疗推拿按摩可以不吃药不打针即解除疼、酸、麻、木等痛苦，治疗颈、腰病有着药物等其他疗法不可比拟的优势。为何有人会对此产生误解呢？一是由于不具备真正医术的人混入其中，掩盖此疗法的真实疗效；二是服务性质的保健按摩或多或少破坏着医疗按摩能治病的科学形象；三是存在某些庸医所谓的颈、腰不能做按摩等谬论。我在此高度负责地告诉大家：医疗按摩法治疗颈肩病、腰腿病疗效确佳。

多年临床实践证实，医疗按摩术必须先经过系统学习，再结合口传心授和一对一的传授过程，否则难以真正掌握。举办学习班只能做到让培训学员简单了解，要想培养出巧手除顽疾的医疗人才，必须施者用心教，学员用心学，倘若有一方不努力便难以完成。

民间有句俗话叫“拜名师难，选爱徒更难”，意思是师徒配合愿教愿学，只有这样才能名师出高徒，培养出真正有水平的临床医生。我有两名传人，一位是自幼酷爱推拿疗法的女子，她慕名前来拜师，我感觉她是块“铁”，可以炼成“钢”，因而收下了她。她十分淳朴、认真，而且有毅力、肯下功，按时完成所留任务，不会就学，不懂就问，这时与其说她像块“铁”，不如说她是块“钢”，可以打造出斩除病魔的利刃。后来她果真成为值得患者信赖的医生。另一位男子毕业于中医院校，他为人忠厚，我看他是棵好苗子，可他并没有拜师。有一次我请他陪自己到一家大医院的专家病房为一名外籍华人消除骨折愈合后的痛苦，他见到了外宾对医生的尊重与热情，感到羡慕，提出拜师，我细心地教，他认真地学，最终成为知名的专科医生。美国加州的一家诊所曾多次邀请他到美国行医，他始终保持冷静、平和的心态，不骄不躁，为自己在杏林生涯中为一个又一个患者解除痛苦而感到欣慰。

如今，按摩业空前普及，但鱼目混珠。治病的医疗按摩常被保健按摩所顶替，降低了标准，影响了声誉，有时让患者真假难辨。这种混乱状态从发展的必然来看不会长久；从哲学的角度来看，普及到了一定程度必然走向提高与规范；从医学角度来看，良性的自然医学必然被广大患者所推崇、所信赖，被有良知的人道医疗工作者所发扬光大。多年来我结合现场、广播、培训班等多种教学形式培训学员，还破例接收了一名来自辽宁的视障医师为学员。

诲人不倦、桃李满天下是一种荣耀，既利人又利己。然而如今许多人不愿意向他人传授所长。在民间流传着第一年称你“蔡师傅”，二年称“老蔡”，三年称为“菜帮子”之谈，也有“教会徒弟，气坏师傅”之说。公道而言，选传人要“长眼”，首先是品德好，然后是有灵性、有悟性，接收一般学员不要考虑太多，主要是传播普及医疗保健常识。30 多年来我向他人传授推拿术等医疗技术感到其乐无穷。

我向一位编辑、两位同行传授推拿术，实现他们出国从业的愿望；另外向美、英、日、韩等十多国同行传授推拿术；向慕名而来的中外求学者传授医技并帮助其从业发展。一对一的教学都是在我身上练习，当我感到很舒适到位的时候，他们的医术也不断精进。我为此感到无比充实与快乐。一首《临江仙·赠门人》是这样写的：

广泛育桃偿夙愿，传承品味多年。津门海外有学员。四十年过去，弹指一挥间。

送往迎来凭理念，仁德技艺兼传。八方展现便为欢。天涯心相近，长见更欣然。

雅趣增寿益身心

琴、棋、书、画四大雅兴陶冶情操，有益健康，这是许多人的共识。诗词歌赋，游山玩水，赏名石、爱美玉同样有益身心健康，使人快乐长寿。我现将自己的经历、感受与大家分享。

习文学艺

我青年时为了掌握一技之长，到戏曲培训班学习器乐和词曲创作。经历了艰苦的六七十年代，在此期间趣闻很多，故事精彩难忘：

已学又忘

我的授课老师不怕学生学得慢，最反感学会了又忘，如果狗熊掰棒子——学了新的忘旧的，他会干脆将你辞退。一次我学会一个中指带着音倒把，以中指、无名指上下滑音的技巧，当时没有反复练习，用时方显生疏。老师大怒，重新再教一遍，让我练习一万遍，随后他生气地离开。我从下午 4 点一直练到了晚上 9 点，双手已麻木，身子像软泥一样，饱尝了受罚的痛苦。而老师由于忙碌忘了此事，晚饭过后才猛然想起，飞快来到教室，取下了我手中的大胡琴，为我按摩放松，他表现出既心疼又生气的复杂心情。从此我经常回想起恩师曾说过的一句话："聪明人不犯重复性的错误"。

登台断琴弦

1963年的夏天，天津南开文化宫举办宵夏晚会，培训班的学员每周有三个晚上到文化宫演出。我还是有生以来第一次登台拉琴，为大师姐伴奏天津时调，她的声音洪亮，演技高超，赢得了观众的阵阵掌声。正在兴奋得意之时，我手中的琴弦突然绷断，由于慌张再三接不上，演出虽已落下帷幕，我却惊恐万分。次日我将一把丝弦全上到四胡上，每练5分钟就令小师妹剪断一次，几丈长的丝弦不到三天全部变成了碎弦，不知情的父亲以为我无端淘气，对我进行严厉指责，我没有辩解，只是委屈地接受，但从此练成了接弦、调音不超过半分钟的技能。

偷艺斗气

1968年的秋天，我已是吹、拉、弹、唱的多面手，三弦、四胡已达到专业水平。由于演出的需要，我希望掌握一种雷琴拉戏的技能，想拜一位能者为师，对方保守不外传，我暗下决心，偷师学艺。我先听他演奏，与他搞好关系，凭借着自己弹三弦、拉京胡的功底，通过交谈、听录音等途径反复学习和对照，又经他人挑不足、自己找差距的方式，逐渐掌握了雷琴演奏的技巧。有一次我带着一位票友买了一些礼物，又来到了这位雷琴大师的家里。大师在我请求下拉了一段《风声紧》，随我同去的票友提出要我也拉一段，我连连摇头，不敢从命，这位雷琴大师也产生好奇，将雷琴塞到我的手里，急切地说："试试看，丑妻也要见婆娘嘛！"我无奈地调试了琴弦，并邀请大师进行伴奏。他先是一愣，随后拉起了京胡。我抖擞精神，从容地拉起了《风声紧》，拉完最后一句，我轻轻地放下了雷琴。大师目瞪口呆，随后发问："你是跟谁学的？"我说："没有学过。"这位雷琴大师连连摇头，口中念念有词："行家一出手，便知有没有，你的功法、指法、仿声技巧都算说得过去，我来帮你深造如何？"当时我正年轻气盛，对此不置可否，大家相视一笑。

拼场演出

我应老师的一位旧友邀请到天津北辰区的乡村演出。1973 年的冬天格外寒冷，许多演员不愿意下乡演出，于是拼凑了三个演出队的部分人员，从三个方向到演出现场，为来自十里八村的农民露天演出。当登上舞台的时候，另外两个演出队的人员还没有到来。此刻我第一次懂得什么叫"热锅上的蚂蚁"，演员们按部就班登台演出，展示着他们的精彩表演，赢得了观众的阵阵掌声。此刻报幕员对我耳语："再过 10 分钟就断场了。”我急中生智，提出登台表演，通知另外两位演员准备再次登台。当报幕员以洪亮的嗓音报出下一个节目雷琴《风声紧》时，台下响起了掌声，我缓步来到台上，向观众一鞠躬，稳稳地坐在椅子上，先是雷琴仿声说话。当我演奏了《风声紧》之后，由于掌声过于热烈，又返场演奏《智斗》一场，在掌声中再次鞠躬走下台来，报幕员又报出了下一个节目。不一会儿报幕员走到我的跟前说：“下面谁来登场？”他急切地问。我和老师耳语了几句，然后告知报幕员，随后师徒二人将同时登场，演出的曲目是《七弦百曲》。一位唱单弦的演员也不时走上台来翩翩起舞，赢得了观众一次又一次的掌声。这次两个小时的下乡演出，我虽然又急又累，但也经历了一次充满智慧与喜悦的过程。

词曲创作

我自幼学习唱词创作和唱腔设计，曾到天津市盲协俱乐部编导组工作两年，1975 年又到第三文化宫、第二文化宫参加创作学习；同年还参加了第一文化宫举办的文艺骨干创作进修班。此外多次应邀为机关、企业等创作并辅导文艺节目，登台无数，鲜花掌声随之而来。这些给我带来了充实与欢乐，同时也促进了身心健康。

弃文从医

1983年的春天，我先后接到了市诊所和艺术团的两个录用通知。从1968年开始，我医学、文艺同时进修，对自己的职业生涯做了两手准备。平时没有机遇，如今一同到来，经过深思熟虑、权衡利弊，我决定弃文从医，从此走上了一条临床诊治、医学研究的人生之路，文学艺术已成为休闲娱乐的业余爱好。

博弈修身

我自幼喜爱下象棋，失明后改下盲棋，其间经历了三个阶段。第一阶段是总想赢棋于是订购了象棋杂志，并经常向高手请教，一时间着了迷。兄长发现后，指教我不要下这么大功夫："我下了这么多年的棋，不也没有下出名堂嘛！下棋也是一种天赋，俗话说'酒的量，棋的力'就是这个意思，下棋能够做到娱乐就可以了。"我听后醒悟，从此输棋、赢棋同样开心。第二阶段是以棋会友，借棋交往，输赢不是主要的，重在参与。第三阶段是下棋要有目的性，让它有利于做事做人，有利于修身养性，从中得到各种启示。

我曾为一名高中生治疗假性近视，告诫他在治疗期间尽量不要上网、看电视。他急切地问我："那我课间、中午空闲时能做什么呢?”“可以下象棋嘛！这种娱乐方式能增强意志，锻炼大脑。”我还没说完，他就急不可耐地问道：“我想下棋，可下不过别人怎么办呢?”我稍加沉思后说：“我来教你两招。”每当为他治疗后，我经常和他摆棋杀一盘，边讲棋势，边讲进招，过了一周多，他告诉我自己在班里下棋赢多输少。我听后也很高兴。

我的老岳父也爱下象棋，每当节假日见面时，我们总要摆一盘。他年龄大了，反应迟缓，凭棋力很难胜我，但我也不想赢他，每次下棋都是以走和告终。这样做既增进了棋艺又维护了亲情。我认为象棋还是一把开心的钥匙。有一位即将升职的干部，有人举报他和女秘书有染，徇私舞弊，他认为自己很清白，感到委屈，就带着这个问题前来我的诊所咨询。我深知他的心理和处境，为他进行了巧妙解读与答疑，为他消除了心中困惑。对于未来支招的话题，我采取了委婉含蓄的引导方式，启示他自行体悟，特为他摆了一个“二马饮泉”的棋势，只是把棋子摆上，让他走到胜局，他果然棋艺高超，大约 10 分钟就走出了迷宫，并得意洋洋地说出了智退黑棋的要点是放弃“四八大卒”。这时候我问他：“那你知晓这个棋势的名字吗?”

他摇头表示不知，我若有所思地对他说道："叫忍痛割爱。"他恍然大悟，边探讨边有理有利地策划着未来之势，最终顺利升职。

诗词有新生

写古体诗词是我的爱好，《唱吟心语》书中的诗词都是我的日记，是我发自内心的语言，从多个角度解读了自己 60 年的人生经历。格律诗词是文字的精华，特点是表达准确、概括性强，闲暇时配乐吟咏，增添雅趣，使人获得美的感受。古时的格律诗词多写风花雪月、才子佳人，如今格律诗词有新的使命，它为现代人的事业生活营造出更加丰富的文化氛围，遵照古为今用、推陈出新的原则，它拓展出新内容，文字简练，丰富多彩。

我从事医疗行业，不仅治病，还经常讲课，原来都是列提纲，现在写成格律诗词，不是提纲，胜似提纲，讲起来深入浅出，容易理解，最后用一首律诗或词总结，朗朗上口，便于记忆。我到大学讲心理、到机关讲健康时仍然运用这种方法，最后将展开的内容浓缩起来，以诗词形式的演讲提纲赠送大家，一是便于记忆，二是更为有趣。我在做心理咨询时，用一首诗或词高度概括案例始末，在遇到类似案例时借以启示明确思路，排忧疏导之后将一首指导咨询者的心理诗文予以赠送，这样咨询者会理解得更加深刻，实行起来也更有的放矢。另外，古体诗词还可以为家庭服务，为了促进家庭和谐，我特地写了《家事答疑》、《莫强求》等诗作，咨询讲、机关讲、电台讲，使人摆正心态，减少冲动，有益于维护家庭和谐。格律诗词还可运用于情感婚姻，我撰写的《化解孤独》、《情感揭秘》等辞章，咨询讲、广泛讲，有多达100多人抄写吟诵，排解了无数人的情感苦闷，促使了许多家庭的和解。格律诗词还可用于旅游休闲，我每到一个旅游景点都请导游讲解，根据个人感受写诗作词，既愉悦了身心，又做了一次人生记录。有一次我和几位爱好旅游的朋友谈起了游历黄山的感受，我以“黄山”为题写了一首《宝塔诗》：

山
云烟
绕其间
洋洋大观
游乐忘回还
峰湖船走蜿蜒
水送花香簸动天

猴子观海有故相传
霞与云唱和各有诗篇
怪石百态横飞峭壁空悬
飞龙峡一线天幽静小桃源
黄山天下秀峰奇景丽有仙缘

2005年金秋的一天，一位80多岁的诗词爱好者拿来一首题为“秋景”的回文诗，若有所思地问我：“您会写这样的诗文吗?”我听后好奇，用不到两个小时写出了题为“保体读书”的回文诗，正念“康宁保体练功熟，健美询章精阅读。扬颂群方出手妙，长篇解析晓名书。”反念“书名晓析解篇长，妙手出方群颂扬。读阅精章询美健，熟功练体保宁康。”不仅正念、反念都成诗文，而且藏头藏尾。写诗作词，吟咏诗词，其乐无穷。我曾用了一个多月的时间配乐吟咏42首诗词，共计一个小时，并录成磁带，每当收听时都有一种美和轻松的感受。我将《满江红·长寿秘诀》制作成漂亮的美术体，设计了松柏、荷花等背景，并加以塑封，将其作为纪念品，赠送外宾和有雅趣的人士，均颇受欢迎，有的人还将其作为珍品收藏。

格律诗词还可用于交往。1993年我结识了一位优秀女青年，彼此深交22年，没有任何的金钱来往，只有相敬、互助。她写得一手好字，我写好论文后总愿意让她誊抄一遍。如此真挚的友谊无法用物质的表达方式来衡量。在相识 16 年之际，我为她写了一首七绝：

平淡深情十六年，心如明镜尽无言。

幸得知己灵相见，誊写丽书文百篇。

她见此诗文非常喜悦，像珍宝一样将其收藏起来。为了指导交往，我还撰写了《交友观》、《摆位》等诗文，既启示别人，又提升自己。

格律诗词还可用于感恩，每当我的人生到了低谷时刻，总是有贵人搭救。我的一位老师和两位挚友在我人生处于转折关口时起到了指点迷津的巨大作用。为了铭记他们，我写了《恩师》、《巧遇名人》、《点石成金》等诗词，它们既增进了友谊，又体现了人的感恩之心。这三首诗文均已载入《唱吟心语》一书。

格律诗词还可用于教育子女、指导青年。我在父子交谈中总结出题为“省言”的座右铭，还为两位青年答疑解惑，撰写了《为有志青年题写》、《为起步青年题写》两首律诗，在他们的工作与前途方面起了积极作用。

格律诗词还可提高阅人能力。将识人、赏人、教人、用人的经验体会写成诗词文章，既巧妙评说，又增进友谊，从而取长补短。它可运用于人生的方方面面，不仅给人带来美的享受，还有力量、智慧，以及战胜困难的勇气。它还可以成为人生的伴侣，帮助我们再现生活，激励我们创造新的生活。但是创作格律诗词难度较大，必须付出艰辛的努力。

总之，一个人要想改变命运，首先要改变观念，观念一变，行为改变，行为一变，命运转变。一首《清平乐·笔下金屋》是这样写的：

钢锥铁笔，威力岂能比。写尽身心传万里，我为人人献礼。

健康送往千家，杏林遍地开花。赖以情欢业畅，春秋爽欲幽遐。

玉石保体开心

我喜爱玉石、收藏玉石已多年，不仅提高雅趣，增长知识，还促进了身心健康。即使工作再累、再忙，每周也要出去两次，各大商场，各种展销会，我都去参加，摊贩都对我很熟悉，总是热情地打招呼，推荐各种各样的玉石品种，其间也发生了许多趣事。

友谊宾馆举办过一次全国玉石展销会，我照常利用下班后的时间乘车赶到现场，来到寿山石展区后，发现造访的人不多，参加的商家多是从福建来的，彼此一边打招呼，一边欣赏各种各样的寿山石，探讨其中的奥秘。当我问到“你这店里有田黄吗?”时对方迟疑了一会儿，拿出了一物貌似田黄，但不是田黄，我摸着这块并不起眼的原石，问道：“你根据什么说它是田黄?”他略有所思：“您是老顾客，明人不说暗话，这是一块假田黄，如果是真的，用强光手电筒一照，是透明的，带有萝卜纹。”我听后喜悦，称他是田黄鉴别专家，然后送了他一张自己的名片，告诉他以后有了真的田黄可以打电话联系。我刚走出展室不过几步，随后有一位手持拐杖的中年男人跟了上来，低声地说：“老先生请随我来，我的展室里有真田黄。”我先是一惊，随后跟他走进了另一间展室。他是看了那张名片后才追随的，先是搀我坐到沙发上，然后沏上了一杯香茶，像见了救星一样倾诉着他患腰病的痛苦，我搭讪了几句，见他越说越多，只好留给他联系电话，将话题转到了寿山田黄上。他小心翼翼地拿出了刻有十八罗汉的18块碎小原石，有红色、白色、绿色、黄色，也有乌鸦皮色，他说这些是真田黄。我知道，不管什么颜色的石皮，全是透明黄色，有萝卜纹。大家彼此谈得很融洽，做了更深入的探讨。另有一位玉石商人更加有趣，开始我经常从他那里买玉石，后来他的母亲得了胃病，从福州来到天津治疗，几经周折未见好转，有一天请求我给他母亲诊治。我没有推辞，免费接待了这位远道而来的患者，先是为她诊脉，发现她是脾胃虚寒证，为她讲解了病因病理，制订了治疗方案，从忌口这一环节入手，为其安排了近期的饮食，配制了一料祛寒顺气、中和胃酸、帮助消化的中药散剂，又向其告知一些注意事项。老人的疼痛逐渐好转，多年的胃病开始恢复。这位玉石商人特地登门拜望，带来了一尊他镇店用的寿山石玉玺，重约 3 斤，玺底 90 厘米见方，高 160 厘米左右。我将其作为礼品留作纪念，爱不释手，提出按质论价。他再三推辞，不肯接受。这一件件的事使我与众多的玉石商人达成了一定程度的熟识，这对我走入玉石市场也构成了巨大吸引。

至今我已收藏 80 多种玉石，共计 400 多件，还编成约 1200 字的贯口，开头是：赏印玺，爱玉石，玉石随缘，玉石无价，久经验证，果真不虚，喜爱玉石眷恋勤盘，友谊健康，其乐无穷。赏盘印章、玉玺，名石、美玉有神兽玺、松鹤仙翁玺……玉石有灵气，天然景观更诱人，如石面景观、骆驼羊、父子燕……闲暇时，赏玩手链、佩玉摆件，如翡龙翠凤、玉石龟……雕刻师精琢百态，栩栩如生、巧制万物、寓意怡人，玉石健身、得法增寿益身心。

印章、玉玺、名石、美玉，每当谈起，我总是兴致勃勃，滔滔不绝，以下重点谈谈几点感受：

第一，收藏玉石可提高人的心理承受能力。购买玉石是一种消费，买贵了、买贱了、买真了、买假了，交点“学费”是正常的，如果没有这种承受能力就最好不要参与。在生活中遇到艰难困苦，需要有承受能力。我认为，通过收藏印章、玉玺、名石、美玉，心理承受能力提高了，在事业上、工作中再受到一些挫折、委屈，甚至曲解、误解就会认为是难免的，不像过去那样脆弱、在意，甚至想不开了。

第二，收藏玉石可以增强人的决断能力。我曾经看到一块一公斤重的和田籽玉，白色的笑面佛就像从玉中生出来一样，利用红枣皮巧雕出的云朵，更显得抢眼、华丽，拿到手中柔润、舒适，就是价格较高。助理嫌太贵，劝我不要买了，我稍加犹豫，还是买下了这块白色的、有漂亮皮子的和田籽玉。这块玉石人见人爱，现已升值了30多倍。还有一次，我遇到了一把朱砂红的寿山石彩壶，不仅石质佳、颜色好，而且整体雕工精细，特别是红梅雕刻得十分夺目，同样价位较高，最终我还是买了过来，至今也已升值10倍以上。我还曾遇到一块重达22斤的天然翡翠，形状颇似神母打坐，周身多以不同的绿色为主，头部含有点点片片的白色金属物，下端以自然过渡的黄色为主体，起名“奇翠神母”，价位颇高。我心中非常喜爱，但为了压低价格，没有显露出来。考虑到购买者、识货者不会太多，我果断采取了“迂回战术”，经过数人多次的巧妙周旋，最后压低到原来价格的十分之一成交。该玉石经权威鉴定为A级纯天然翡翠。这里说的收藏玉石可增强人的决断能力，一是该出手时要出手，二是该周旋时缓出手，三是该慎重时不出手。收藏玉石增强的决断能力对工作、生活、投资也起着潜移默化的作用。

第三，欠缺也是一种美，金无足赤，人无完人。正如择偶时总想德、才、貌兼优几乎是不可能的，选择玉石同样如此，色、透、润、奇皆完美也是凤毛麟角。选择玉石可取点之多，有欠缺也是种美。我曾收藏一块豆绿色的接近冰种的翡翠，精雕长龙、巧刻花生，商家称之为“生意兴隆”，透度、绿度比自己理想中的虽仍有欠缺，但最终还是买了下来，至今在把玩物件中依然属于优等品。因为特别好的原料一般不做把玩，做镯子等饰品可以卖出高价。因此，选择玉石就像择人做事一样，不要求全、挑剔，不完美本身也是一种美。

第四，俗话说：“人养玉，玉养人。”“人养玉”比较好理解，经常用手盘玉，不仅加强玉的润度，还可以在其表面形成一种包浆，这种包浆对玉石有保养作用。而“玉养人”就不那么简单了，从医学角度出发，我找出了其中的理论依据。2008 年 10 月 21 日，美国加州的医学家到我的诊所学习中医提高人体免疫力的理论和方法，我首先向他讲述了提高人体免疫力就是加强人体的生理功能，提高正气和抵御病邪的能力，最后总结出玉石健身可以增强人体的生理功能，从而提高人体的免疫力。把玩玉石对心肺有一定的好处，因为心经、肺经都通两只手，它们相表里的两条经线也在双手交汇处，因此双手把玩玉石对心肺功能有一定的好处。心肺功能好了，气血对于全身的供给加强了，从而提高人体免疫力。曾有一位偏瘫患者已经到了绝望时刻，有人送他两个把玩球，他非常喜爱。之后他又看上了玉石，别人送他玉石就很高兴，对玉石的喜爱度越来越高，竟然坐着轮椅到街上去买玉石，后来他的身边全是玉石，每天盘完这个盘那个，于是手脚也都能活动起来了。玉石搓摩腹部不仅对人体消化吸收有好处，对消脂减肥也有帮助。对于胃肠功能不太好和腹部脂肪堆积过多的人，经常用玉石搓摩腹部也有助益，当然也要掌握点、线、面，浅、中、深的有关知识。我有个800克的元宝形扁玉，经常用它搓摩大腿前侧、小腿后侧及上肢各部，对缓解疲劳、加快新陈代谢十分有效，还可以提高人体免疫力。总之，盘搓玉石，以玉石搓摩人体各部均可改善人体的生理功能，增强免疫力，达到“玉养人”的效果。

我曾写过一首《水调歌头·赏印遇知音》：

小小玉石印，牵动古今文。千瑜万瑀分辨，绊倒众多人。阴刻阳雕艺彩，展现祥情美意，悦目爽心神。赏印寻同道，今日见知音。

宫廷玺，千枚印，众纷纭。蛟龙五爪皇位，官印等级森。鉴赏精工寓意，评判真伪优劣，真乃广博深。探密由衷乐，幸会更开心。

这首词是有一定来历的。在一次宴会上，我请来诗词专家、书法家、象棋高手、雕刻大师同我的诊所工作人员欢聚一堂，为了让好友同行更加开心，吟诵了这首词文。第一句“小小玉石印，牵动古今文”说明小小的印章、玉玺牵动着古今文化，特别是玉玺中蕴含的学问更多。雕刻的字体，秦前为大篆，秦后为小篆，汉代用隶书，唐代用楷书，根据各种各样的文字，各种印纽、玺纽的形态可以判断朝代时间；“千瑜万瑀分辨，绊倒众多人”的意思是千种石头、万种玉，许多玉石专家也有认不全的，也有说不清的；“阴刻阳雕艺彩，展现祥情美意，悦目爽心神”的意思是平面以下凹下的为刻，平面以上凸起的为雕，雕刻师们巧雕万物，栩栩如生，呈现出的吉祥之意和美好感觉让人赏心悦目；“赏印寻同道，今日见知音”的意思是喜爱印玺寻同道，而现在在宴会上大家共同欣赏雕刻大师带来的两尊玉玺，交谈之融洽有一种见知音的感觉；“宫廷玺，千枚印，众纷纭。蛟龙五爪皇位，官印等级森”的意思是印章、玉玺学问很大，皇帝用的印为五爪龙印，王爷们用的只能是四爪龙印，麒麟印多为巡府一级，扭头狮子印多为县级，所以说宫廷玉玺等级森严；“鉴赏精工寓意，评判真伪优劣，真乃广博深”的意思是欣赏精巧雕工的各种美好寓意，鉴别名石美玉的真伪优劣有着博大精深的学问；“探密由衷乐，幸会更开心”的意思是探讨其中的各种奥秘其乐无穷，和大家幸会则更为开心。

我将鉴别名石、美玉优劣真伪的综合要点总结出29点，玉石的鉴别方式有两种，一是仪器鉴别，二是经验鉴别。仪器鉴别只能告诉你是哪个品种，优劣无从得知；经验鉴别比较全面，它可以综合考虑和分析，不仅能判断品种，也可认定优劣真伪。经验鉴别一般通过三种途径，一是知识鉴别，二是直观鉴别，三是手感鉴别。知识鉴别、手感鉴别对于我可以实现，直观鉴别则需由助理协助。千种石头、万种玉，没必要全部熟悉，对名石、名玉的鉴别要点在于，首先认清品种、产地、产量，是天然的，还是高仿的；是A品，还是B、C品；是注色做旧的，还是原汁原味的；是籽料还是山料；颜色、纹路如何；杂质多少；是净面还是带有景观；颗粒、质地如何；雕工、寓意如何；形态、润度怎样；透度、硬度、密度如何；另外价位与收藏价值等综合鉴别要点需实际掌握。一般说来，品种好、产地对、产量少的玉石较为珍贵，纯天然、颜色好的较为珍贵。烤色、注色、高仿、做旧的B、C品属差、属伪；颜色差、杂质多的A品为低劣；籽料优于山料；颜色好、杂质少、纹路清为好；带有天然景观或净面更好；颗粒细、质地好、雕工细、寓意好更属锦上添花；形态适宜，润度、密度、硬度好，透度高更为佳品；知名度高，认可度广，外形美观为选择重点；价位适中，有收藏价值为应关注品种。总之，赏玉、鉴玉可使人获得美的享受，以及平衡心态的能力。一首《清平乐·赏玉开心》是这样描述的：

名石美玉，玩味知灵气。润透无瑕方亮丽，逗赏增添雅趣。

石文博大精深，迎来各讲纷纭。浏览天然仿造。用它保体开心。

亲近大自然

旅游既是一种累活，又是一种娱乐休闲方式、一种游山玩水的兴趣爱好。我的单位每年都组织旅游，开始时我还不感兴趣，北戴河、承德等地还是领导动员去的。1987 年我参加在北京举办的国家级医师进修班，每周日都会外出旅游，去了定陵、八达岭、西山八大处等多处名胜古迹。

一次我到中南海参观毛主席住过的地方，当时人山人海，步履维艰，一张张带着好奇面孔的人左顾右盼。由于人声嘈杂，讲解员的解说时隐时现，根本听不清楚，在走马观花中过了三个小时。当回到宿舍时，我不但没有倦意，还兴致勃勃地谈论着菊香书屋曾发生过的故事，从此对旅游产生了兴趣和好感。当年夏天，单位又组织了蓟县三日游，我带头报了名，坐着豪华舒适的大巴车开进了蓟县城，游历了独乐庙等古迹。次日前往东陵黄崖关，最后登盘山，我攀到舞剑峰时止住了脚步，青年人还要去捧日峰、挂月峰。大家回到天成寺附近的茶社等候，边品茶边了解着盘山有何景观，服务员先讲了天成寺的由来，又讲了迎客松的年代，最后讲解了两大奇观：一是盘山有一块巨石，众人推不动它，单手用力即可微动；二是山上有个泉眼，水满不外溢，将水掏干后，片刻水又生出。至于水从哪里来，为何满而不溢却不得而知。后来的岁月里随着工作需要，我前往海内外各地，游赏了圣淘沙、越秀、沙坡头、兵马俑、半坡、华清池，过长江，渡黄河。从东西走过，登黄山，赏西湖，到天涯海角。其中有一次到玉泉山游玩的经历至今难忘。当时由于缺乏导游指引，我只找到了望月泉，其他四泉不知位于何处，当走上青云梯，到达顶峰时开始下山。我信步走进了三寺庙，元始天尊、释迦牟尼、孔丘的塑像虽已毁坏，但仍有一种三教合一的感觉。

1993 年我从海外归来开办诊所，从此每周 7 天诊治，很少休假。尽管如此，每逢节日仍坚持旅游，几乎走遍了津、冀、京的各大景点，既愉悦身心、陶冶情操，又开拓视野、促进健康。

2002年我全年只休息8天，参加了渤海一日游。有一次刮起了8级大风，海河中的小游轮到了塘沽，周旋了几次后方才靠岸，游客们提着的心才放了下来。由于风大浪急，渤海上的大游轮直到中午风势减弱时才向海心驶去。当时我站在甲板上，风吹浪花打到脸上，头发也随风摇摆。陪我去的助理一直为我选景照相，我半路失明后一度反感照相，在助理的提示、协助下后来逐渐发生转变，数年照了600多张照片。

十渡游玩我至今记忆犹新。奇潭峡谷、摇摆浮桥，我玩得都很开心，只是上缆车时不慎磕到了头，苦恼了片刻，又振奋起来，到湄边玩水，好不愉快。返回时下缆车，由于格外小心，未出意外，回想起在国内外两次登缆车都有惊无险，我倒没担心，却把助理吓坏了。有一天由助理陪同到“富国海底世界”观鱼，身后的一名游客一直和我交谈，他疑惑地问：“视障者旅游能看到什么?”我回答在旅游中我会用心去看。我和他约定返回时谈各自感想。我请了一名导游，专门负责讲解，知晓了海马是雄性所生，五彩鳗是雌雄同体，鲨鱼有多达600多个品种等多种知识。返回时那名游客再度与我交流，解除疑惑后对我产生敬意。

有一次我由助理陪同来到了天安门城楼上，见到了62根金丝楠木的圆柱，长的12米，短的10米。我认为“12”代表地，“10”代表天，“60”代表与天地共存，另外两个应代表日、月，阴、阳。回想起毛主席曾在这里举行开国大典，这里是中国的“心脏”，是全国瞩目的地方，我心情十分激动。当走下城楼，登上金水桥时，我特意抚摸了汉白玉的栏杆，和40年前相比，它显得沧桑了许多，如今前面增设了护栏。

我由助理陪同游赏津河当晚皓月当空，岸边的垂柳与人擦肩而过，助理告知河面已被月光照亮，此时我心中浮现出“千里长河万里月”的明亮而幽静的画面。次日上午，我由助理陪同又参观了清朝古建筑石家大院，请导游讲解了这里的18套院落和278间房屋的由来，讲解了这一古建筑的特点以及在此曾经发生过的趣事。午饭过后又到水上公园参观新建成的水晶广场。

我喜爱旅游的休闲方式，由助理陪同已达数十次之多。一首《水调歌头·休闲》是这样写的：

年仅八天假，七日休闲游。浪急风大扑

面，渤海跨雄舟。十渡乘风往返，摇摆浮桥坚定，澎湃荡山头。弃水飞山过，乘兴海底浏。

父生马，自生鳗，众鱼优。天安门上挥手，心旷唱神州。游赏石家古建，河畔华楼晶景，亮绿美连收。人景留真照，百旅君陪游。

21 世纪以来，我由助理陪同游赏了香山、颐和园、故宫、海洋馆、动物园、世纪园、龙庆峡、红螺寺、外滩、东丽湖、杨村小世界、明清街、安家大院等景点。有一次到双龙峡游玩，我本不想登山，结果还是攀了上去，下山走了一条人工羊肠小道，宽一米左右，左右两面都是悬崖峭壁，下山后有的人去滑草，有的登上游轮在水中游玩。

次日清晨，我由助理陪同前往天津干部俱乐部鱼池垂钓，特请了一名钓鱼教练，边学习边体验着垂钓的感受。当教练得知我是为了寻找感觉来此垂钓后好奇地对我说："您要能总结出有理、有据的医学道理，我免收教练费。"我稍加沉思，讲出了三条，一是垂钓需要心绪安静，注意力集中，可促进睡眠；二是垂钓时晒太阳对身体好；三是每当钓上鱼来都有一种成就感，这种感觉本身就有促进身心健康的作用。教练听后十分满意。那一天恰逢国庆节，整个鱼池只有三个人垂钓，上钩率很高。当我钩住第一条鱼时由于抬竿用力过猛，坐着的小板凳向后翻滚，于是顺势摔倒，左臂淌出了鲜血。但我忘记伤痛，继续钓鱼，两个小时共钓到 17 条鱼，最后满载而归。

2005 年的元旦天气寒冷，到哪里去休闲呢？我由助理陪同来到了热带植物园，这里温暖如春、景色宜人，导游讲解了奇花异草，以及名石、名树等多种景观。有一块富贵石光滑美丽，导游说道："摸一次交好运，摸两次发大财，摸三次走桃花。"我开心地站在石前拍了一张照片。此外，我对多种名树也颇感兴趣，如菩提树，原名觉树；光棍树，少叶无花；大肚树，树中有水，有取水止渴、取水灭火之说；吉祥门树，即两棵榕树长成门状，导游说"由此走过，得吉祥之气"；独木成林，导游说也叫"小姐傍大款"；芭蕉树多比妻子，传说中的芭蕉扇据说与此树有关；铁树开花，圆形为雌，长形为雄；大王椰子树，内部为中空。我赏奇树、阅新奇，诗兴由此而生，一首七律《赏树有感》是这样写的：

菩提普度觉升华，光棍非单少叶花。

大肚无芳曾灭火，芭蕉宝箑美姝拿。

吉祥门树爽心目，独木成林落地娃。

铁性雌雄难盛放，外强椰子内空乏。

散步也是一种休闲方式，我平时喜爱在室内独自踱步，以及到户外清心散步。多年来，我由助理陪同，无数次出入天津的水上、北宁、长虹、人民等各大公园，无数次沿海河、津河两岸散步，走遍了各种广场、体育场、步行街、风情区，以及无数条大街小巷。曾在湖旁观景，也在河畔乘凉；曾在风雨中散步，也在飞雪中游玩。

一首融四季、四景为一体的《西江月·散步》是这样记述的：

户外清心散步，湄边垂柳相迎。雨浓情圣绿心灵，气爽湖旁幽静。

音幻新奇走入，津栏误跨迈空。雪飞门闭旷无声，又见俏身迎送。

六旬疗养偿心愿

我多年来白天诊治晚上著书，到了2011年感到身心疲惫，决定疗养一年，在此期间饱尝了无事可做的寂寞难耐，于是想起了曾想做而没有时间做的三件事，遂借此时机了却心愿并付诸实施。

写剧本《红香记》

我学创作已多年，总想写一部剧本留作纪念，早已选定的题材终于开始书写，大约一个月过后初稿完成，经反复修改起名为《红香记》，这是一部花旦老生戏。故事发生在北宋年间，讲的是19岁的才女彩玉嫁给丧妻的宰相王安石为妻。王安石忙于政务，经常独守空房的彩玉倍感寂寞，与府内花匠王亮私通。面对少妻的红杏出墙，王安石心绪难平，三人展开了人伦与人欲之间的巧妙攻心。《红香记》人物才情横溢，故事情节跌宕起伏，展现出宰相肚里能撑船的开明景象，至今仍为大家传为佳话。

现摘录最后两场与大家分享：

第五场　胆战心惊

（仆人小花匠王亮登台）

（道白）

小花匠王亮：摆弄花我内行，人称小花匠，避开众人耳目，蹑足潜踪向夫人的房中走来，暗道心语："我是坏蛋不是人，宰相出府我犯浑，到娘子屋里寻欢乐，大饱艳福找美人，我去找美人。"偷情美，偷情香，果真不虚，我和夫人偷情，急切不可忍耐，恰似干柴烈火，一触自发。由于时间紧迫，刹那宽衣，片刻云雨，她那性体腾欢诱我恋，蜜语柔情诱我馋。办完了那点事，提衣下榻，慌忙离去，每次都是冒着生命危险，多次体验了人在花下死，做鬼也风流。这不夫人给我留着门呢，不用叩打门环，推门我就进来了，随手捎上门，这是习惯动作。

（王安石登台）

（道白）

王安石：尔等大胆！我已发现彩玉与花匠私通，假意上早朝，让空轿出府，暗自观察彩玉与花匠的异常行踪。

（随着乐曲起唱）

王安石：（唱）老夫我跟踪花匠到家门

房中事尽在眼底气恼在心

小贱人你不该无端败理

狗奴才你胆敢欺主乱伦

我本能破门而入抓奸问罪
冷静想有失身价晦沉脏身
面对这家中丑事心情烦乱
联想起昔日庄王宴请群臣
令爱妃到席前满酒助兴
一阵风吹灯灭诱引风云
一武将揽王妃欺主调戏
脱身际揪帽缨禀报夫君
见庄王令文武帽缨全下
刹那灯明如无事畅饮到凌晨
这件事被后人传为佳话
我平衡再三为红颜不必伤人

（道白）

王安石：我身为宰相，为一女子动干戈，甚为不值，转念又想七尺男儿忍此大辱，让他人耻笑，这当如何是好？……有了！

（场景）取一支竹竿在手，捅向树上的乌鸦窝，乌鸦被惊醒，嘎嘎一叫，惊动了房中的彩玉。彩玉失声道：“不好，门外有人偷听。”

（场景）同时从后窗放走了仆人，吹灭

了灯。

王安石：长出了一口恶气，缓步离去。

第六场　情疏义尽

彩玉：（彩玉登台）小女我又惊又怕，两腿发软心狂跳，不由得浮想联翩，预感到大祸临头。

（随着乐曲起唱）

彩玉：（唱）彩玉我本是书香门第

做妻子洁身自爱落印心区

宰相妻万人敬仰以示尊贵

年幼小一时冲动越轨偏离

主仆恋传扬出去丢尽脸面

夫君怪双亲谴嘲笑话题

悔不该心存侥幸当儿戏

心颤颤红杏出墙怎化干急

我曾想至此作罢不再深陷

小花匠宁愿杀头总是不依

到如今也只能听天由命

若抵赖尚不如以敬相鞠

彩玉：（道白）主仆偷情，宰相查明，身败名裂，九死一生，事过多日为何不理不问？

他高深莫测，我胆战心惊。

（丫鬟登台）

（道白）

丫鬟：日月穿梭光似箭，东去春来艳阳天。我是丫鬟春水，奉命前来传话，禀报夫人，今天是夫人与大人成婚三年之日，大人吩咐设家宴与夫人饮酒对诗。”

彩玉：“我已知晓，你到门外观望，大人到来，速报我知。”

丫鬟：“遵命。”（丫鬟退下）

彩玉：彩玉我梳洗化妆精心打扮，又惊又喜，耐心等待夫君到来。

（丫鬟登台）

（道白）

丫鬟：正当午时我又来传话，禀报夫人，珍馐宴席已备好，宰相大人正向房中走来。

彩玉：“陪我门前恭迎。”

（场景）喜笑颜开，搅夫君分上下席前落座。

（有白有唱）

王安石：（唱）老夫我故作不知，开怀

畅饮。

彩玉：（唱）小女我抖擞风姿，借酒传情。

彩玉：（白）“在这喜庆之日，妾身敬大人一杯，请大人赏饮。”

王安石：（白）“哦，你敬的这是什么酒啊？”

彩玉：（白）“妾身敬的是大人健康长寿之酒。”

王安石：（白）“哈哈哈！好，我吃了这一杯也就是了。”

彩玉：（白）“妾身我日夜想念夫君，惦念夫君，为此再敬夫君一杯，请夫君赏饮。”（已捧送到口边，不用抬手张口便吃）

王安石：（白）“你敬的这一杯如此亲密，它又是何等之酒？”

彩玉：（白）“这是一杯大人官运亨通之酒。”

王安石：（白）“哈哈哈！老夫吃下这一杯也就是了。”

彩玉：（白）“小女身嫁宰相已三年，感

谢大人宠幸抬爱，今日又与妾身饮酒对诗，妾身受宠若惊，借此再敬大人一杯，请夫君赏饮。”

王安石：（白）“好乖巧的嘴巴，我来问你，你敬的这一杯又是何等之酒？”

彩玉：（白）“这是一杯大人福光普照之酒。”

王安石：（白）“哈哈哈！老夫再咽下这一杯也就是了。”

彩玉暗想：（唱）“宰相他连连发问，连连发笑必有缘故，绝不像今日蓝天，万里无云。”

王安石：“老夫我眼望空中的明日来诗性，不由得提笔在手，边写边吟。”（随着乐曲起唱）

王安石（唱）：日出东来还转东

乌鸦不叫竹竿捅

鲜花陪着仆人睡

撇下干将门外听

干将宝剑虽锋利

不斩无辜不斩情

（场景）几句话惊得彩玉魂飞体外，不由得站起身又坐下，强定心神，爬半步跪倒在夫君面前，略沉思诗性，边写边吟。（随着乐曲起唱）

彩玉：（唱）日出东来转正南

提起此事有一年

大人不计小人过

宰相肚里能撑船

干将剐妾绝无怨

气恼夫君心不安

（场景）彩玉身心颤抖，泪如雨下，眼中情，悔无限，所见心酸。

（对白）

王安石："我原想如抵赖，有凭问罪。"

彩玉："我如实讲来，听从处置。"

王安石："这一来鞠得我沉思耐难。"沉半晌方下令："带仆人。"

王亮忙赶到，跪倒求饶，连道："大人饶命，大人饶命啊！"

王安石未动干戈，平声言道："你若讲出其中道理，尚可饶你不死，如若不然，你可知我当怎样?”

王亮叩头答道：“小人略知人伦，初晓人欲，美女传情，生理需要，缺少不受之毅力，也是小人一念之差酿成大逆。有人云：‘人伦之大莫过人欲，尊重人欲方是正理。’按人伦，欺主大逆，讲人欲，情有可原。也是小人一时放纵惹此大祸，大人妻妾易得，公务缠身难以周全呵护，小人年近三旬，尚未娶亲，宰相大人在上，恕小人斗胆直言。”

王安石：“讲。”

王亮：（数板）“日出东来日落西，年老别娶年少妻，极早快把人情送，夫人愿做我的妻，大人在上我失礼，杀剐存留您随意，两条小命在您手，法外开恩顺天意。我年少无知讲人欲，您大仁大义别介意，我走到悬崖难转逆，您不值计较动真气，以往的工钱我全不要，只要民女小彩玉，我不知趣该臭块地，您高抬贵手别生气，善举开恩省块地，大人前额跑野马，小人知错头点地，我头点地。”

王安石：“老夫我见此情此景，见到两位

青年的生之渴望，这……这……这……，这当如何是好？唉！也罢。”（随着乐曲起唱）

王安石：（唱）我心中醋酸苦辣如潮涌

审世间悲欢离合百事难平

常言道：清君难管后宫乱

刀锋不斩缠丝情

小彩玉才高胆大敢随意

东食西宿认狂风

温古训红颜祸水有欢乐

本分贤淑少风情

美女身引色狼难逃法网

为国事少同欢红杏不容

书为媒雅趣诗怀结成伴侣

享荣华体面生活还是不行

悠闲饱暖生淫欲让他人耻笑

也怪我相信她守德、言、容、功

看起来姻缘已尽东流水去

倒不如成全增美大度宽容

（对白）

王安石：安石我今天要谱写一篇忍痛割爱、大度弃美之作，来人呐，给他们速扮成百姓模样。

下官：下官应答，一一照办。

王安石：又吩咐你二人远奔他乡，好自生活，再不要节外生枝。

彩玉：含泪泣不成声，祈求道："我已知错，愿做仆人为大人洗衣洗袜，做牛做马。"

王安石（朗声大笑）："留人留不住心，留情情不真，来人呐，取白银1000两，交予彩玉。"

下官：下官应答，一一照办。暗道心语："偷情还给发奖金，这事真奇。"

彩玉：悔恨交加，连连致谢。

王安石（神态平和）："你享尽了人间的富贵甘甜，扎入贫寒事事难，钱乃身外之物，你带到身上以便使用，快快逃生去罢!"（随着乐曲起唱）

彩玉：（唱）嫁入高门整三年

感激夫君万万天

昨日人尊今被审

留下丑名千古传

跪双亲女儿给您丢尽脸

今生不好把家还
一招错断送女儿富贵命
空懂经书愧对良缘
随花匠白日缠绵夜宠幸
他没有房屋没有田
想未来女儿不知何处去
苦岁月换甘甜悔恨先前
惊回首望郎君天庭饱满
面和善虎目睁地阁方圆
好一派大家风度我无福受享
他海量放我逃生恩重如山

我准备将此剧本送交全国剧本大赛，《北斗星》杂志现已刊登。

即兴讲故事 120 段

讲故事是我的一种爱好，我少年时有“故事王”之称，这一组故事的主要内容由科普、传说、个人经历三部分组成，内容广，哲理深。现选其中两段与大家分享：

故事一：良性信息

一个人学会传递良性信息非常重要。传递良性信息不仅对自己的身心健康有好处，更重要的是对他人、对收回的信息往往都有益。特别是在看望病人时尽量不要传递恶性信号或信息，人们往往经意或不经意地传递了信号，有时甚至传递了恶性信息，这对患者常常起到负面作用。所以，在看望病人时尽量不要过多询问病情，如果你问一遍，他问一遍，让病人重复叙述多遍往往对病人没有好处。到了病房没有什么事情，就不要坐太长时间。有的人送上一束鲜花，说几句安慰的话后离去也未尝不可。但是如果病人有要求，有需要你帮助解决的问题，可以尽量满足，这就两全其美了！

有一位 30 多岁的女性病人患了喉癌，住在南开医院接受治疗。有天上午她的同事来了，一方面看望她，另一方面安慰她。这位患者见了同事痛哭流涕，说自己得了不治之症，非常伤心、恐惧和苦恼。这位同事很开朗，说："这个病不要紧的！我有一个亲戚也是得了这种病，在北京的中医医院吃了张大夫开的中药，现在都好了，十几年都没犯过……"病人听了大喜，露出了笑容，觉得嗓子也不怎么堵了，痛苦也小了好多，她仿佛看到了希望，中午多吃了半碗饭，多喝了一碗汤。不料下午又来了一个邻居姐妹看望她，这位女性心直口快，口无遮拦，一进门见病人还像平时那样玩耍，就开玩笑说："哎呀，缺德的，我听说你得了喉癌啦，我有个小姐妹也是得的这病，没治好。”

她也许说的是实话，也许说的是玩笑话。不管她怎么想，病人这时很脆弱，她向病人发出的是恶性信息。此刻病人强打起精神，心情沉重，晚上没有吃饭，夜里没有睡觉，心里七上八下的，怎么也安神不下来。

可以看出上午的看望者传递了良性信息，下午的看望者传递的是恶性信息。哪一个更好呢？很明显传递良性信息更好，也许这些信息不一定都起到真实的作用，但对缓解患者的紧张心情，给患者以新的希望，促使她的病情好转或者不再加重都是大有好处的。

故事二：我冷

有一位 70 多岁的空巢老人，老伴刚刚去世，子孙满堂，每天待在家里不肯出去，儿媳妇说：“爸爸，您出去晒晒太阳吧！别老在家里闷着了，这样会闷出病来的。”“唉，”老人一边咳道，“不出去了，我冷！”儿媳妇一听公爹说冷，于是买了上好皮货，给老人定做了皮袄皮裤。但老人还是不出去。有一天儿媳妇又劝道：“您还是出去转转吧，俗话说阳壮骨风壮筋，长时间不出去身子就软了。”这位公爹却还是那句话：“我冷！”儿媳妇一听怎么还冷，就又给老人做了一床皮褥子，但老人还是不出去。有一天儿媳妇和儿子一起来到了老人面前，跟老人说：“您的孙子就快结婚了，您准备几句话讲一讲吧！”这位老人风趣地说了一句话：“唉，结婚做一套皮袄皮裤不就行了！”这时儿子儿媳妇才恍然大悟，知道为什么老人总说冷。想起了一句古话“满堂儿女不如半路夫妻”。儿子和儿媳妇怎么面对这个问题呢？孝子面前无难事，给老人找个老伴不也就罢了，顺者为孝，老人高兴一天就是他的幸福，人都有要交流和面对的伙伴。没有配偶的空巢老人是痛苦的，晚辈们需要倍加关心。

脱口秀故事集共计120段，现已被天津电台选收并转送和平文化宫收藏，供大家收听欣赏。

开咨询网店

盲人医师开办咨询网店的向来不多，许多不明真相的人常感到不可思议。开始由助理协助筹备的时候，我又是准备资料、启动网银，又是设计店面、培训人员，一时忙得不亦乐乎。我的咨询网店主要提供以下几项咨询服务：患者疑点咨询、事业情感策划、心理问题疏导、为人起名或改名、为公司或店铺起字号，以及撰写人生津卷。我一忙时便忘记了身上的疲乏。网店的第一个咨询者是一位50岁的女性，她发现自己的丈夫和家里的大学生保姆发生了暧昧关系。她没有打草惊蛇，前来网店咨询良策。我问她："你想离婚吗？"她的回答很坚决："不想。"理由是近几年刚过上了富足生活，自己并不想失去。我又问她："你想接受这个现实吗？"她的回答更坚决："不想！"我经了解得知这位大学生保姆来自贫困地区，于是问："你愿意破点财吗？"她表示可以。我了解了基本情况后，为她策划了身心威慑、把握证据的计策。从私下为保姆换手机和更换号码开始，女主人进一步为大学生保姆提供无偿援助，并承诺全力帮助她出国留学，只要求她"立即失踪"并和男主人断绝往来。经过一番策划与思想工作，大学生保姆为此忏悔，并和女主人成了闺密。最后既帮助了保姆和女主人自己，又避免了一次家庭破裂。当蒙在鼓里的男主人发现保姆不辞而别时，既懊恼又无奈，但他除了埋怨保姆无情外别无他法。

如今回首半生风雨，笑对人生的苦辣酸甜，一首《望海潮·良医路》是这样抒怀的：

大千生就，久经磨难，连丢二目常蒙。天赐不公，人文解助，多秋定位填充。做、讲、写兼通。艺苑曾探秘，济世成名。讲座咨询，频发论著益康宁。

如缠锁链奔腾。津门施技艺，海外传经。

医治万千，鞠躬尽力，答疑浅显深层。媒介广刊登。讲人生进取，规范言行。半百匆匆，良医路敬业谦诚。

后　记

《身心同治：一位盲人医师的感悟心语》一书是一部撰写人生经历的创业励志书籍，本书凝结着作者的毕生心血。

谢玉秋大夫后天失明，为了规范言行，重新振作，总结了指导自身言行的23个字，即六勤；六多；三平衡，四交换，五吸引；言必行，行必果；两个准确。六勤，即勤思考、勤观察、勤询问、勤动手、勤动笔、勤动腿；六多，即多实践、多吸收、多总结、多提高、多交往、多自省；三平衡，四交换，五吸引，即人与人之间、人与周围之间应当是平衡的，而往往遇到不平衡状态关键在于如何找平衡。通过知识交换、思想交换、情感交换、必要的物质交换，达到知识吸引、对等吸引、互补吸引、信义吸引、个性吸引，从而找到新的平衡；言必行，行必果，即说过的话要付诸行动，并得出结果；两个准确，即说话要准确，听话要准确。以上23个字不仅是谢玉秋大夫自己的言行之道，而且帮助许多人取得了积极效果。

读者朋友，如果您在阅读此书的过程中有任何疑问需要咨询，可拨打022—27560727，作者将解答您提出的各项问题，直至您满意。

2015年4月